Gerd Wolfgang Sievers

W0057920

111 Orte
in Venedig,
die man gesehen
haben muss

111

emons:

Bibliografische Information der Deutschen Nationalbibliothek
Die Deutsche Nationalbibliothek verzeichnet diese Publikation
in der Deutschen Nationalbibliografie; detaillierte bibliografische
Daten sind im Internet über http://dnb.d-nb.de abrufbar.

© Emons Verlag GmbH
Alle Rechte vorbehalten
© alle Fotografien: Gerd Wolfgang Sievers
Layout: Eva Kraskes, nach einem Konzept
von Lübbeke | Naumann | Thoben
Kartografie: altancicek.design, www.altancicek.de
Kartenbasisinformationen aus Openstreetmap,
© OpenStreetMap-Mitwirkende, ODbL
Druck und Bindung: B.O.S.S Medien GmbH, Goch
Printed in Germany 2016
Erstausgabe 2014
ISBN 978-3-95451-352-9
Aktualisierte Neuauflage Juni 2016

Unser Newsletter informiert Sie
regelmäßig über Neues von emons:
Kostenlos bestellen unter
www.emons-verlag.de

Vorwort

»Von Venedig ist alles gesagt und gedruckt, was man sagen kann!«, schrieb niemand Geringerer als Johann Wolfgang von Goethe 1786 – doch was ist seither nicht alles über die Serenissima gesagt, geschrieben oder gedruckt worden? Papier ist geduldig, Venedig auch, meistens zumindest.

Das vorliegende Buch wird vielleicht nicht mit allen Orten überraschen, einige werden zumindest dem Namen nach bereits geläufig sein. Aber es gibt zu diesen Orten Geschichten, die kaum bekannt sind, die nicht überall erzählt werden und die weitestgehend auch den heutigen Venezianern unbekannt sind. Venedig hat eine ganz besondere Eigenheit, die man mit »Wahrheit ist Wahrnehmung« umschreiben könnte, und der Besucher muss vielleicht erst lernen, mit dieser »dietrologia« (frei übersetzt: die Wissenschaft, herauszukriegen, was hinter den Dingen tatsächlich steckt) umzugehen.

Venedig hat nicht nur einen Hang zu den schönen Dingen des Lebens, die einem in Form von freizügigen (meist weiblichen) Heiligen, vielfältigen cicchetti (köstlichen Kleinigkeiten), süffigem Wein und prickelnd erfrischendem Spritzz begegnen, sondern auch eine Liebe zu obskuren, undurchsichtigen und abenteuerlichen Geschichten. Diese können religiösen, esoterischen, alchemistischen, pekuniären oder (selten) politischen oder militärischen Ursprungs sein, aber auch von Wollust, sexuellen Eskapaden oder orgiastischen Symposien inspiriert worden sein. Nichts scheint unmöglich (gewesen) zu sein. Die Serenissima – das New York vergangener Tage?

Dieses Buch erzählt die weniger bekannten Geschichten Venedigs, führt zu Orten, an denen man gerne verweilt, mit Freunden diskutierend genießt, isst und trinkt oder einfach nur die Seele baumeln lässt. Venedig ist seit jeher ein einziges divertimento (Vergnügen), und ich bin überzeugt, dass Venedig immer Venedig bleiben wird – denn wie heißt es so schön: Totgesagte leben länger!

111 Orte

1 __ Essi buranei & Co

Ringeln, Kringeln und Krapfen

Das alte Venedig ist traditionell eine Stadt der Zuckerbäcker, und schier endlos ist die Liste der Leckereien, Plätzchen, Kekse, Krapfen und Kleingebäcke, die hier im Laufe der Jahrhunderte kreiert wurden. Für jeden Anlass gibt es ein spezielles Gebäck. Die üppigsten süßen Sünden entstammen der Tradition des venezianischen Karnevals, einige dolci aber auch der maurisch-orientalischen Küche.

Da sind primär die aufwendig herzustellenden Baicoli, eine Art süßer Zwieback, der auch heute noch überall in Blechdosen abgefüllt angeboten wird. Viele Konditorei-Auslagen werden von »Dolce di albumi« geziert, Meringen-ähnlichen bunt gefärbten Baisers. »Biscotti alla veneziana« sind mit Vanille und Amaretto aromatisierte Biskotten, die man gerne zu Süßwein genießt.

»Das schlimmste Laster der Venezianer ist die Schlemmerei!«, bemängelte 1841 der Stadtgeschichtsschreiber Pietro Gasparo Morolin und meinte damit sicher die zu Karneval unverzichtbaren Krapfen wie Fritole (mit Rosinen), Frittelle di zucca (mit Kürbis), Frittelle veneziane (venezianische Krapfen mit Zitronat und Pinienkernen) und das süße Gebäck alla Amaretti (Mandelgebäck), Zaleti (mit Grappa und Rosinen aromatisiertes Gebäck aus Maismehl) oder Bussolai buranelli, die süßen Kringel aus Burano, welche mit besonders viel Ei und einem Schuss Rum gebacken werden.

Die traditionsreiche Panificio Garbo auf Burano, deren süßlich verführerischer Backstubenduft die halbe Insel zu betören scheint, ist bekannt für die sogenannten »Essi buranei«, ein den Biskotten ähnliches Feingebäck in S-Form, das besonders gern zur Zabaglione genossen wird. Und wenn die Zabaglione dann original im Kupferkessel am Tisch per Hand aufgeschlagen wird − so wie das heute noch im »da Poggi« gemacht wird (siehe Seite 48) −, dann weiß man, warum Casanova diese Süßspeise nicht als Nachtisch, sondern als Vorspiel liebte.

Adresse Pasticceria Garbo, Via S. Mauro, Burano 336, 30142 Venedig, Tel. 0039/41735289 |
Öffnungszeiten in den Sommermonaten tagsüber fast immer geöffnet, im Winter unregel-
mäßig | **Vaporetto fermata** Burano, Linie 9, 12, 14, Nachtlinie N | **Tipp** Auch in Venedig
gibt es eine ganze Reihe von hervorragenden Pasticcerien, wie zum Beispiel Tonolo
(Dorsoduro 3764), Rizziardini (S. Polo, 1415 Campiello dei Meloni) oder Rio Marin
(Santa Croce 784).

2 Merletto
Spitze, die Anti-Luxus-Gesetze

Nein, ein Geheimtipp ist die Boutique »Dalla Lidia Merletti d'Arte« wahrlich keiner, stellt sie doch die feinsten Bettüberwürfe, Spitzentaschentücher, Tischläufer, Festkleider, Schleier sowie sinnlich-erotische Dessous aus und mit Spitze her. Doch nur wenig bekannt ist, warum gerade die Spitze zur großen Kunst wurde, die im »Punto in aria« gipfelte, dem nur auf Burano gepflegten Sticken ohne Aufleger und ohne weitere Hilfsmittel wie Klöppel oder Häkelnadeln. Und das hat viel mit der Stadtgeschichte zu tun; mit den für die Erotik elementaren Dessous und den Gesetzen gleichermaßen.

Seit Jahrhunderten berichten Venedig-Besucher von der Verschwendungssucht der Serenissima. Im Herzen sind die Venezianer aber Kaufleute, und diese haben bei aller Liebe zum Konsum meist etwas gegen (unsinnige) Verschwendung. Und weil die Liebe der Venezianer zu Geld nicht wesentlich größer war als die Lust am Schaffen von Gesetzen, kam es 1299 zu den sogenannten Anti-Luxus-Gesetzen, die immer wieder novelliert – soll heißen: verschärft – wurden. Ein Gesetz aus dem Jahre 1511 begrenzte beispielsweise den Betrag, der für Schmuck ausgegeben werden durfte, auf 50 Dukaten für eine einreihige Perlenkette, wobei das Dekolleté sonst in keiner Weise geschmückt sein durfte.

Als das Tragen von Schmuck gänzlich verboten wurde, begannen die Venezianerinnen, kunstvoll bestickte Spitzentücher zu tragen, die die Ohren bedeckten, und bald waren diese Spitzen wertvoller als jeder Schmuck. Als dann der Brokat verboten wurde, brach die Zeit der kostbaren Unterwäsche an, und die sinnlich-gekonnt geschlitzten Dessous aus Spitze machten die Männerwelt verrückter, als die Zeit ohnedies schon war.

So gesehen waren die auf den ersten Blick unsinnigen Gesetze durchaus »spitze« … oder war das alles von der Männerwelt geplant, um den erotischen Dessous endlich zum Durchbruch zu verhelfen?

Adresse Dalla Lidia Merletti d'Arte, Via Galuppi, Burano 215, 30142 Venedig, Tel. 0039/ 41730052, www.dallalidia.com | **Öffnungszeiten** täglich 9.30–18.30 Uhr (Wenn man nicht von Asiaten überrannt werden will, so ist es aber nicht ratsam, freitags oder samstags hier zu erscheinen.) | **Vaporetto fermata** Burano, Linie 9, 12, 14, Nachtlinie N | **Tipp** Da der Brokat heute – Gott sei Dank – nicht mehr verboten ist, darf man vollkommen gesetzeskonform der berühmten Manufaktur Tessitura Luigi Bevilacqua einen Besuch abstatten – zum Einkaufen oder (nach Voranmeldung) auch nur, um die alten Webstühle anzusehen (www.luigi-bevilacqua.com).

3 Venissa

Weingarten mit Glockenturm

Mazzorbo ist ein Paradies und ein wunderbares Refugium für Leute, die einerseits Ruhe suchen, indem sie dem hektischen Treiben der Stadt Venedig entfliehen, und andererseits in stilvollem Rahmen genießen wollen.

Hinter einer schlichten Backsteinmauer ragt ein alter Campanile hervor, die Stille ist genauso betörend wie der sommerliche Duft von Rosen, Lavendel und Wiesenkräutern. Beherrscht wird das Szenario aber von einem alten Weingarten mit dem schönen Namen Scarpa-Volo. Er ist in Besitz der Stadt Venedig und drohte zu verfallen. Damit diese seit Jahrhunderten kultivierte Domäne nicht vollends verkommt, schrieb man sie zur Bewirtschaftung aus. Das beste Konzept präsentierte offenbar die Familie Bisol vom gleichnamigen Weingut aus dem Veneto, die hier nun neben dem Wein auch Obst und Gemüse nach ökologischen Grundsätzen anbaut. Begleitende Studien sollen helfen, das fragile und daher stellenweise bedrohte ökologische Gleichgewicht in der Lagune zu erhalten.

Um zumindest einen Teil der Kosten zu refinanzieren, wurde ein Nobel-Agriturismo eingerichtet, der Übernachtungsmöglichkeiten bietet, dessen Herzstück aber das edle Restaurant inmitten des Weingartens ist – Terrasse mit Blick auf den Campanile inklusive! Die Küche basiert dabei einerseits auf den Zutaten aus der eigenen Landwirtschaft, andererseits auf den traditionellen Produkten der Lagune und ist schlicht Weltklasse – weshalb das Lokal, welches nur maximal 20 Gäste bewirtet, mit einem Michelin-Stern geadelt wurde.

Selbstverständlich kann man bei Venissa auch den Wein aus besagtem Garten verkosten, was freilich kein ganz billiges Vergnügen ist, denn der Garten ist klein und die edlen Tropfen rar. Um den Wert der seltenen Kreszenzen auch optisch zu unterstreichen, werden die Weine in spezielle Fläschchen aus Muranoglas abgefüllt und mit einem Echtgold-Etikett versehen … womit alles gesagt ist!

Adresse Venissa, Fondamenta Santa Caterina, Isola di Mazzorbo 3, 30142 Venedig, www.venissa.it | **Öffnungszeiten** Mi–Mo, Mittagessen: 12–14.30 Uhr; Abendessen: 19–21.30 Uhr | **Vaporetto fermata** Mazzorbo, Linie 12, Nachtlinie N | **Tipp** Die unweit von Venissa befindliche Trattoria Maddalena vermag kulinarisch zu überzeugen. Wer Zeit hat, sollte quer durch den Weingarten spazieren und am anderen Ende durchs Tor schreiten, durch das der Weg auf eine Holzbrücke führt, die den Wanderer direkt nach Burano bringt.

4 Lucio Bubacco

Glass extravaganza

Murano ist weltberühmt für sein mundgeblasenes Glas, und vielfach herrscht der Irrglaube, dass die Glaskünstler, die Miniaturen mit Hilfe von bunten Glasstangen und Gasflamme herstellen, hauptsächlich der touristischen Unterhaltung dienen. Mitnichten, es gibt auch unter diesen Meister ihres Faches. Einer der ganz speziellen Künstler ist Lucio Bubacco, denn niemand sonst lässt das steife Glas lebendiger werden als er! In seinen Händen schmilzt es förmlich dahin, um anschließend in neuer und hocherotischer Form wie Phönix aus der Asche aufzuerstehen und die Welt mit explizit sexuell-provokanten Darstellungen zu erfreuen.

Bubaccos Figuren scheinen dabei nahtlos an die Sünden vergangener Tage anzuknüpfen und die Schamlosigkeit der alten Serenissima wieder aufleben lassen zu wollen. Egal, ob tanzende Weiber, kopulierende Leiber, heterosexuell, transsexuell, lesbisch, schwul oder Fetisch – nichts lässt er aus, alle Genres werden adäquat bedient, und so kann, wer will, aus einem Kelch trinken, der von Damen geziert wird, die sich »con una carota nel culo« vergnügen!

Bubacco setzt damit eine lange Tradition fort, denn kaum woanders war Kunst so eng mit Erotik verwoben wie in Venedig. Doch im Gegensatz zum alten Venedig, das der Homosexualität skeptisch gegenüberstand, ist Bubacco gerade bei Homosexuellen eine Größe, denn seine Teufel sind Ikonen der Männlichkeit. Allerdings geht mit solchen Darstellungen auch etwas Phantasie verloren, denn vorbei sind die Zeiten, als sich Liebesdienerinnen als Männer verkleideten und Analverkehr anboten, um auch homosexuelle Männer als Kunden zu gewinnen.

Und weil Männer sich heute frei lieben, befriedigt sich die Damenwelt nach Lust und Vorlieben mit Peitschen, Löffeln, Bananen oder eben Karotten – frei nach Ludwig Hevesi: Der Zeit ihre Liebe, der Liebe ihre Freiheit! Aber eines gilt halt auch für Bubacco: Titten und Hintern beleben das Geschäft!

Adresse Fondamenta da Mula, Murano 148, 30141 Venedig, Tel. 0039/41736544, www.luciobubacco.com | Öffnungszeiten Werkstatt kann nur in Ausnahmefällen gegen Voranmeldung besichtigt werden, info@luciobubacco.com | Vaporetto fermata Da Mula, Linie 3, 4.1/4.2 | Tipp Vis-à-vis von Lucio Bubaccos Werkstatt befindet sich auf der gegen-überliegenden Kanalseite (einfach über die Brücke und dann links halten) das Ristorante Ai Frati, das zu den besten Fischrestaurants der Lagune gezählt wird (www.aifrati.com).

5 _ Serenella
Lagune, Legende und Legenden

Das UNESCO-Welterbe der Lagune umfasst mehr als 600 Quadratkilometer, doch nur ein Bruchteil davon ist bewohnbares Trockengebiet. Um das Stadtinselgefüge zu versorgen, müssen jährlich mehr als 30 Millionen Tonnen Ware durch die Lagune geschippert werden. Die größte Gefahr für die Schifffahrt stellt das zum Teil nur wenige Zentimeter tiefe Wasser dar. Die Lösung lag in einem Detail, an dem man bereits in der Antike feilte: eine möglichst geringe Kieltiefe. Vorreiter dieser Technologie waren die Römer, welche für den Warentransport auf Flüssen Schiffe konstruierten, die nur wenige Zentimeter Tiefgang hatten und doch mehr als 35 Tonnen Last transportieren konnten.

Die Gondeln, wie wir sie heute kennen, werden in Las Vegas, Peking und vom Fremdenverkehr geliebt – doch kein echter Venezianer würde sich je auf eine solche Einmannruder-Gondel verirren. Gondel ja, aber nur den klassischen Typus mit zwei, vier, sechs oder mehr Rudern! Seit Jahrhunderten regieren in den Gewässern der Lagune die sogenannten Topi – kleinere oder mittelgroße Lastenboote. Ursprünglich aus Holz hergestellt, bevorzugt man heute das leichtere und vielseitiger einsetzbare Glasfieber für diesen Bootstypus.

Unstrittige Königinnen der Lagune sind die Boote, die sich Serenella nennen dürfen. »Qualität und Stil aus Tradition« lautet hier das Motto, und so ist jedes Exemplar – pro Jahr werden nur maximal vier Stück hergestellt – ein Mythos, der nicht in Zahlen dargestellt werden darf. Eine Serenella besteht den Vergleich mit Rolls-Royce; es gibt keinen Gebrauchtmarkt. Dennoch könnte die Werft ohne die sogenannten neuen Märkte kaum überleben – dabei braucht Venedig seine Serenella, denn ein jeder »Taxi-Skipper«, der etwas auf sich hält, fährt mit einem der blitzblank polierten, samtig-seidig edel glänzenden Schmuckstücke; eine Serenella erzählt – wie die Skipper auch – Legenden der Leidenschaft!

Adresse Cantiere Motonautico Serenella (Werft), Sacca Serenella, Murano, 30141 Venedig, Tel. 0039/41739792 | **Öffnungszeiten** Anfragen unter info@cantiereserenella.com | **Vaporetto fermata** Serenella, Linie 4.1/4.2, Nachtlinie N | **Tipp** In Venedig sagt man »barca xe casa« (bedeutet: auf dem Boot sind wir zu Hause). Der gemeinnützige Verein Arzanà hat seinen Sitz in einer Gondelwerft aus dem 15. Jahrhundert und restauriert traditionelle Boote. Er unterhält eine kleine Flotte von fast 50 historischen Schiffen, darunter eine »peata« (Frachtschiff) und eine »gondolin da fresco«, die letzte erhaltene Erfrischungsgondel für Ausfahrten in die Lagune. Besichtigung nach Voranmeldung unter info@venetianboat.com.

6__ Die »Vitae«

… und Casanovas unkeusche Nonne

Unnahbar, futuristisch und utopisch wirkt sie, die von Denise Gemin aus Glas gestaltete Statue »Vitae« in Murano. Eine seltsame Mystik geht von ihr aus, etwas gesichtslos Unnahbares und doch unglaublich Anziehendes, etwas Phantasievolles und doch Reales … Fiktion und Realität verschmelzen zu einer zauberhaften Einheit.

Den gleichen Zauber des Unbekannten umgibt eine gewisse M.M., mit der sich Generationen von Casanovisti beschäftigten, die aber dennoch nicht klären konnten, wer M.M. war. Wir wissen nur, dass sie eine eher unkeusche Nonne aus einem Murano-Kloster war, zugleich Casanovas Geliebte und die Mätresse eines hohen Würdenträgers.

Überliefert ist hingegen die Leidenschaft, mit der Casanova seine Nonne begehrte, und dass er Austern mit ihr schlürfte: »Wir machten Punsch und ergötzten uns damit, Austern zu essen, indem wir sie austauschten, wenn wir sie schon im Mund hatten. Sie reichte mir die ihre auf der Zunge, während ich ihr gleichzeitig die meine in den Mund schob; es gibt kein aufreizenderes und wolllüstigeres Spiel zwischen zwei Liebenden.«

Interessant ist bei Casanovas Liebeserinnerungen weniger der salonpornografische Inhalt, sondern mehr die Tatsache, wie er Venedig beschreibt, denn die Klöster, Gassen, Gärten und Gondeln sind seine Schauplätze. Realität und Fiktion vermischen sich zu einer sinnlichen Phantasiewelt namens Serenissima, die von Casanova mittels unkeuschen Nonnen, begehrenswerten Kurtisanen und festlichen Maskenbällen als Zentrum der Dekadenz inszeniert wird.

Die Murano-Klöster sind zerstört. Mit Santa Maria degli Angeli an der Fondamenta Venièr ist aber immerhin die Kirche jenes Klosters erhalten, in dem M.M. gelebt haben muss. Bis heute ist M.M. aufgrund Casanovas frivolem Sensualismus das Synonym für die männliche Phantasie der »Venus im Kloster« – und welche Nonne kann das schon von sich behaupten?

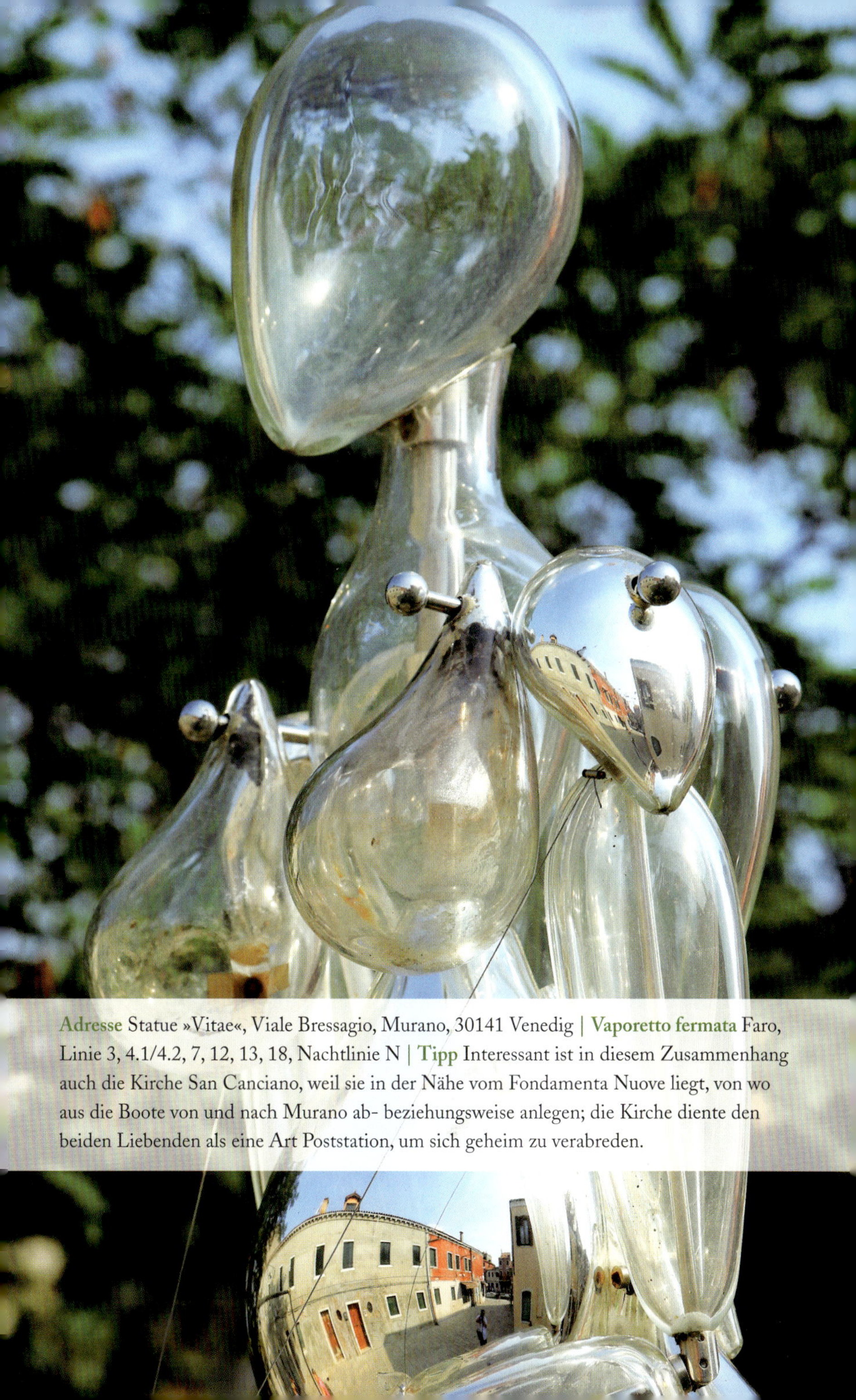

Adresse Statue »Vitae«, Viale Bressagio, Murano, 30141 Venedig | **Vaporetto fermata** Faro, Linie 3, 4.1/4.2, 7, 12, 13, 18, Nachtlinie N | **Tipp** Interessant ist in diesem Zusammenhang auch die Kirche San Canciano, weil sie in der Nähe vom Fondamenta Nuove liegt, von wo aus die Boote von und nach Murano ab- beziehungsweise anlegen; die Kirche diente den beiden Liebenden als eine Art Poststation, um sich geheim zu verabreden.

7__Der Baumstamm

Gedenken an den Schutzheiligen

Die Insel San Francesco del Deserto ist nicht nur ein außerordentlich schöner Ort – sicher sogar einer der schönsten Venedigs –, sondern auch ein besonders geschichtsträchtiger, denn hier in der nördlichen Lagune begann mit den ersten Besiedelungen der Inseln die Geschichte der Stadt.

Archäologische Funde zeigten, dass auch San Francesco del Deserto mindestens seit dem 1. Jahrhundert bewohnt ist. Ihren Namen verdankt sie einerseits dem italienischen Schutzheiligen Franz von Assisi, andererseits dem Umstand, dass bedingt durch einen Klimawandel, den steigenden Meeresspiegel und eine Malaria-Epidemie die Lebensbedingungen sehr unwirtlich wurden; schließlich wurde die Insel im 15. Jahrhundert für einen Zeitraum von mehr als 20 Jahren sogar aufgegeben und verlassen.

Um San Francesco del Deserto wirklich zu spüren, bedarf es vor allem angemessener Ruhe, denn die Stille und den Zauber, welche von der Insel ausgehen, wird man nicht erleben, wenn man eine der touristischen Führungen mitmacht, die von Burano ausgehend angeboten werden. Am besten, man quartiert sich einige Tage hier ein, um mit den Mönchen gemeinsam zu leben und zu beten – theoretisch muss man darauf vorbereitet sein, dass die Franziskaner siebenmal am Tag Gebetsmomente abhalten. Wer die Stille erleben will, sollte im Herbst oder Winter herkommen, was zudem den Vorteil hat, dass man nicht von den unzähligen Mücken belästigt wird, welche sommers hier ihr Unwesen treiben.

Die franziskanische Geschichte der Insel beginnt im Jahre 1220. Bei seiner Rückkehr aus dem Orient legte der heilige Franziskus hier an und soll bis 1224 geblieben sein und währenddessen einen Baum gepflanzt haben, der leider im 18. Jahrhundert einem Sturm zum Opfer fiel. Der Hauptstamm befindet sich in einer nur den Mönchen zugänglichen Höhle, ein kleiner Teil ist jedoch in der Kapelle von Fra Bernardino ausgestellt.

Adresse Kapelle von Pater Bernhard, der Baumstamm steht rechts an einer Mauer, Isola di San Francesco del Deserto, 30100 Venedig | **Öffnungszeiten** auf Anmeldung Di–So 9–11 Uhr und 15–17 Uhr – für die Einkehr stehen knapp 30 Zimmer zur Verfügung, Paare müssen getrennt schlafen, Anmeldung (auf Italienisch) unter Tel. 0039/415286863 oder sfdeserto@libero.it | **Vaporetto fermata** Am besten kommt man mit dem Privatboot oder lässt sich von einem Mönch nach telefonischer Anmeldung in Burano abholen. | **Tipp** Einen unvergesslich schönen Ausblick in die umliegende Lagune kann man von den verschiedenen Aussichtspunkten genießen, die hier auf der Insel angelegt wurden. Und ganz besonders mystische Erlebnisse bietet die Insel bei Mondschein in den herbstlichen Nebeln über der Lagune, die für eine geheimnisvolle Atmosphäre sorgen.

8 Das Plumpsklo

Ein wenig keusches Kloster

Zwischen Murano und Burano liegt eine kleine Insel, welche unter dem Namen San Giacomo in Paludo bekannt ist. Das auf der Insel befindliche Gebäude verweist auf eine recht wechselhafte Geschichte:

Bereits 1046 wurde hier das Kloster San Giacomo Maggiore als Anlaufstelle für Pilger eingerichtet. 1238 ging es an die Zisterzienserinnen, die aber 1440 nach Torcello übersiedelten. 1456 wurde das Kloster ein Lazarett für Leprakranke, danach, im 16. Jahrhundert, von den Franziskanern restauriert. Im 18. Jahrhundert leerte sich die Insel zusehends, bis schließlich nur noch ein einsamer Laienbettler, der sich mit einem an einem Stock angebrachten Klingelbeutel von vorbeiziehenden Schiffen eine Spende erhoffte, auf der Insel lebte. 1810 wurde das Kloster demoliert, bevor die Österreicher das Areal zu einer Kaserne umfunktionierten, die bis 1961 auch den Italienern als Militärposten diente. Interessant ist in diesem Zusammenhang der Erker, denn dieser war nichts anderes als ein Vorgänger des »water closet« – ein Plumpsklo ins Meer halt.

Pikantes Detail: Wir wissen von Casanova und seinen Zeitgenossen, dass vor allem die Frauenklöster im Mittelalter alles andere als Orte der Keuschheit waren – ganz im Gegenteil, es wurden derart zügellose Orgien veranstaltet, dass deren Anblick wohl auch dem modernen Menschen die Schamesröte ins Gesicht treiben würde. Venezianische Fischer erzählen sich bis heute hinter vorgehaltener Hand, dass die Nonnen von Paludo einst mit hochgezogenen Röcken auf den Klostermauern standen und masturbierend Reisende auf sich aufmerksam machten, um diese zu schocken oder sirenengleich ins Kloster zu locken.

Auch wenn so manches Seemannsgarn dabei sein wird, so muss man doch bedenken, dass in jeder Legende immer auch ein bisschen Wahrheit enthalten ist … Und wenn die Unzucht nicht hier ihr Unwesen trieb, dann sicher woanders!

Adresse San Giacomo in Paludo | **Vaporetto fermata** Die Insel verfügt zwar über einen Anlegeplatz, ist aber die meiste Zeit des Jahres nicht zu betreten – man kann den Erker (Plumpsklo) aber vom Schiff aus sehen, wenn man von Murano nach Mazzorbo fährt. | **Tipp** Auf der kleinen Insel Sant'Andrea befindet sich ein altes Fort, mit dem die Einfahrt von der Adria in die Lagune leicht überwacht werden konnte. Auch hier hat Casanova sein Unwesen getrieben, allerdings nicht als Freier, sondern als Gefangener; 1743 war er hier auf Befehl des Abate Grimani einige Monate unter Arrest gestellt.

9 Das Labyrinth

Borges' wunderbar real-surreale Welt

Die Abtei von San Giorgio Maggiore ist sowohl aus geschichtlicher (siehe Seite 28) wie aus künstlerischer Sicht bemerkenswert, denn die Fondazione Giorgio Cini betreibt hier Forschungsarbeiten zur Kunstgeschichte und stellt einen wichtigen Teil ihrer Kunstsammlung aus. Beeindruckend ist der Hof des Klosters: Als wäre Venedig nicht an sich schon ein einziges undurchschaubares Labyrinth, ist es seit 2012 um ein hier kunstvoll gestaltetes grünes Labyrinth reicher.

Anlässlich des 25. Todestages des argentinischen Schriftstellers Jorge Luis Borges, der mit seinem Werk über ein Labyrinth weltbekannt wurde, ist im Innenhof zwischen dem Palladio-Kreuzgang und dem Zypressen-Kreuzgang ein »dritter Kreuzgang« geschaffen worden. Es handelt sich um eine detaillierte Rekonstruktion des vom Architekten Randoll Coate in den 1980ern zu Ehren des Autors designten Garten-Labyrinthes, das von »The Garden of Forking Paths«, einer von Borges' bekanntesten Geschichten, inspiriert ist. Es ist mehr als einen Kilometer lang und besteht aus 3.250 Buchsbäumen, die wie ein offenes Buch gestaltet sind.

Einer der interessantesten Aspekte spielt auf die Blindheit des Autors an: Sehbehinderte werden mit einem Handlauf durch das Labyrinth geleitet und können währenddessen eine der Geschichten Borges' in Blindenschrift lesen.

Zeichen und Symbole, die dem Autor lieb waren – ein Wanderstock, ein Spiegel, eine Sanduhr, Sand, ein Tiger und ein riesiges Fragezeichen –, sind Teil des komplexen Projektes, das einen guten Einblick in Borges' phantastische Welt aus realen und fiktiven Elementen ermöglicht, deren immer wiederkehrende Themen die Unendlichkeit und die Zeit sind. Das erklärte Ziel war nicht nur, einen Garten zur Erinnerung an den Autor zu schaffen, sondern diesen auch mit dessen spirituellem Denken zu erfüllen … talk about really getting lost in a literary work of art!

Adresse im Hof des Klosters San Giorgio Maggiore, Isola di San Giorgio, 30133 Venedig (am besten vom Campanile des Klosters aus zu sehen) | **Öffnungszeiten** Mai–Sept. Mo–Sa 9.30–12.30 und 14.30–18.30 Uhr, So 14.30–17 Uhr; Okt.–April Mo–Sa 9.30–12.30 Uhr und 14.30 Uhr bis Abenddämmerung, So 8.30–11 Uhr und 14.30 Uhr bis Abenddämmerung | **Vaporetto fermata** San Giorgio, Linie 2, Nachtlinie N | **Tipp** Im nicht öffentlich zugänglichen Park hinter dem Kloster liegt das einzigartige Teatro Verde, ein zum Meer hin geöffnetes Amphitheater, dessen besonderes Merkmal die mit Pflanzen als Lehnen begrünten Sitzreihen sind – daher der Name »Grünes Theater«. Zugänglich ist es nur für Besucher der Theater- und Konzertveranstaltungen, die hier im Sommer abgehalten werden (www.liveinve.com).

10__Die Statue von San Giorgio

Warum der Gondoliere ein Drachentöter ist

In der Kirche von San Giorgio steht in einem Nebenraum eine schöne Statue des heiligen Georg, dem legendären Drachentöter, der der Insel seinen Namen gab. Die Statue stammt aus dem 16. Jahrhundert, wurde bei einem Sturm schwer beschädigt und konnte erst mit Unterstützung der Swarovski-Stiftung restauriert werden. Dabei ist der heilige Georg einer der wichtigsten Symbolträger für die Stadt Venedig und die Gondoliere.

Das Wort »gondola« erschien zum ersten Mal 1094 als »gondulam« in einem Dekret des Dogen Falier und stammt vermutlich vom lateinischen »cymbula« (kleines Boot) oder »cuncula« (Muschel) ab. Der Legende nach lebt in den Tiefen der Lagune ein Drache (oder Krokodil, siehe Seite 144), der nur vor den Gondoliere Angst hat, denn mit ihren Riemen stellen sie eine Bedrohung für das Ungeheuer dar – die Ruder symbolisieren die Lanze, mit der der heilige Georg den Drachen tötete. Wenn die Lagune in dichtem Nebel versinkt, dann ist das der Odem des vor Zorn schnaubenden Drachen, der es dennoch nicht wagt aufzutauchen, da die Gondoliere ständig die Lagune bewachen.

Es ist keineswegs Zufall, dass die kleine Insel San Giorgio Maggiore genannt wurde, denn die Gebete der Mönche sollen das wütende Ungeheuer besänftigen. Die Form der Gondeln ist ebenfalls symbolträchtig, sie erinnert an den Halbmond, weil sich die Stadt Venedig mit dem Mond verbunden fühlt. Und schließlich wurde auch das Rot als Farbe der Serenissima nicht rein zufällig gewählt, denn in der Ikonografie ist es die Farbe des heiligen Georg. – Der (venezianischen) Legende nach färbte das Blut des von der Lanze verwundeten Ungeheuers nicht nur den Mantel des Heiligen rot, sondern auch die Stadt. Der verletzte Drache verschwand in der Lagune, weshalb die rote Farbe auch den Sieg Venedigs über das Böse, die vom Drachen symbolisierte Apostasie und Häresie, symbolisiert.

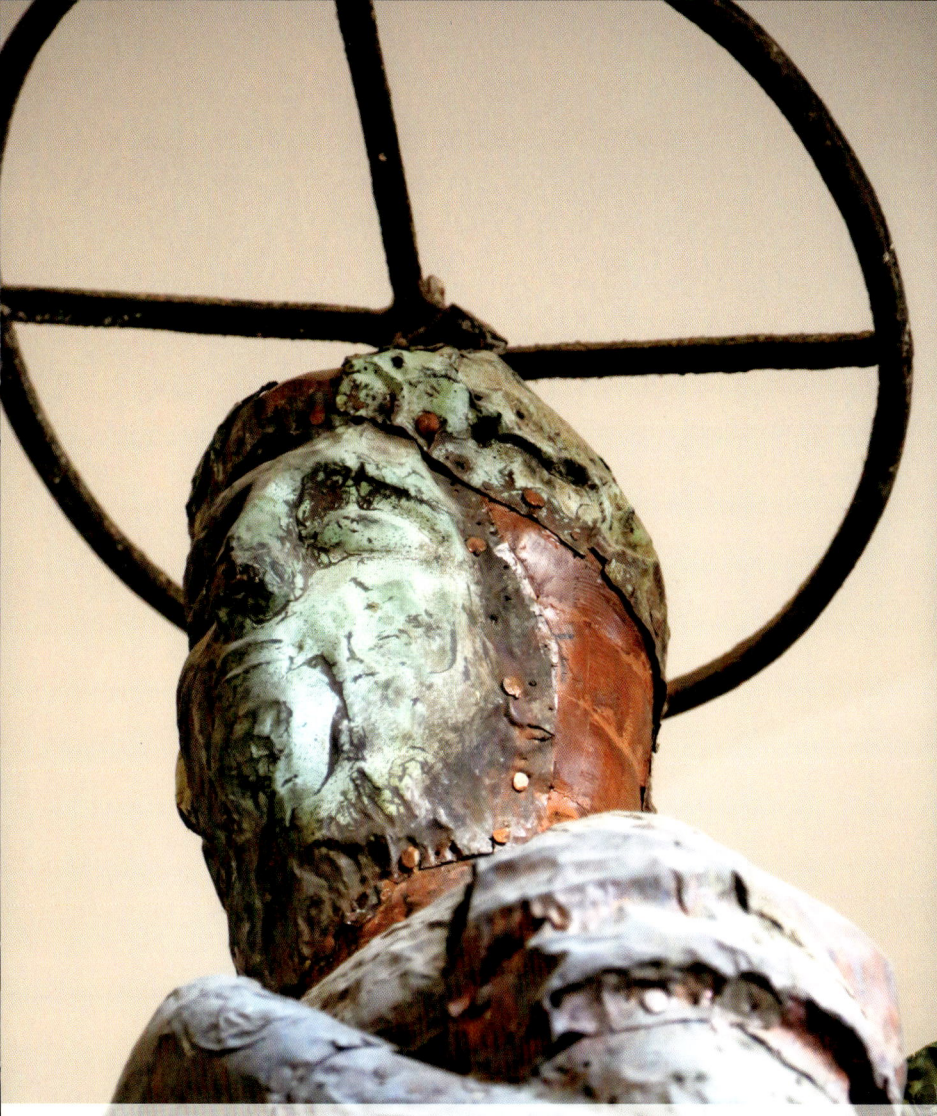

Adresse Basilika di San Giorgio Maggiore (die Statue steht rechts vom Haupteingang in einem abgetrennten Seitenabteil), Isola di San Giorgio, 30133 Venedig, Tel. 0039/415227827, E-Mail abbaziasangiorgio@gmail.com | **Öffnungszeiten** Mai–Sept. Mo–Sa 9.30–12.30 und 14.30–18.30 Uhr, So 14.30–17 Uhr; Okt.–April Mo–Sa 9.30–12.30 Uhr und 14.30 Uhr bis Abenddämmerung, So 8.30–11 Uhr und 14.30 Uhr bis Abenddämmerung | **Vaporetto fermata** San Giorgio, Linie 2, Nachtlinie N | **Tipp** In San Giorgio wurde vom 1. Dezember 1799 bis zum 14. März 1800 einmalig das Konklave zur Papstwahl in Venedig abgehalten. Die Wahl fiel auf Venedig, weil Rom damals von den Franzosen besetzt war und bereits viele Kardinäle hierher geflüchtet waren (Venedig stand unter österreichischem Schutz). Eine Gedenktafel befindet sich im berühmten Konklave-Saal (während der geführten Tour zu besichtigen).

11 Das Ossario
Wie eine Knocheninsel entstand

Die kleine Insel Sant'Ariano liegt im Norden der Lagune, nordöstlich von Murano und Torcello in der sogenannten »laguna morta« (siehe Seite 34). Wenn man heute mit dem Boot hierherkommt, wirkt die Insel wenig einladend, und man kann sich kaum vorstellen, dass sie bereits um das Jahr 500 besiedelt wurde – Einwohner aus Altino zog es hierher. Um 1160 entstand ein Kloster samt Kirche, und um die Nachbarinseln leichter erreichen zu können, wurden Brücken gebaut.

Doch aufgrund von Witterungs- und Umwelteinflüssen sowie des steigenden Meeresspiegels wurde es immer schwieriger, Sant'Ariano zu erreichen, und so setzte bereits um 1400 der Verfall des Klosters ein, die letzten Nonnen zogen 1439 weg – Anfang des 16. Jahrhunderts waren von Kirche und Kloster nur mehr Fragmente vorhanden.

Mitte des 16. Jahrhunderts kam die Gesundheitsbehörde Venedigs auf die Idee, auf der Insel ein Ossarium zu errichten, das mit einer Mauer umschlossen werden und zur Aufnahme exhumierter Leichen dienen sollte. 1565 stimmte der Senat von Venedig diesem Vorschlag zu, man wollte damit die zahlreichen Kleinfriedhöfe innerhalb Venedigs – die sogenannten »campielli dei morti« – entlasten und so das »wilde Bestatten« unter den Pflastern der Gassen unterbinden. Der Friedhof San Michele, der bis heute als Zentralfriedhof von Venedig dient, wurde allerdings erst im Jahre 1837 eingerichtet.

Der heutige Zustand der Gesamtanlage ist erbärmlich. Das Ossarium ist beinahe zur Gänze von Büschen, Sträuchern und Ranken überwuchert und kaum begehbar. Es gibt zwar einen Bootsanleger, doch ein Anlanden lohnt kaum, denn das einzig sichtbare Relikt – die einfriedende Mauer nämlich – ist vom Wasser aus besser zu betrachten, und das Innere ist nicht begehbar, weil das ehemalige Tor zugemauert wurde. Dem Vernehmen nach türmen sich die Gebeine im Inneren des Ossario nach wie vor meterhoch.

Adresse Isola Sant'Ariano, 30142 Venedig | **Vaporetto fermata** keine öffentliche Haltestelle |
Tipp Auf der Insel Lazzaretto nuovo wurde vor einigen Jahren ein ehemaliger Friedhof
freigelegt, von dem behauptet wurde, dass es ein »Friedhof der Vampire« sei, da einer Frau
ein Stein in den Mund gesteckt worden war, angeblich, um sie vom Blutsaugen abzuhalten.
Es stellte sich aber heraus, dass es sich um einen Schwindel handelte, und so wurde der
PR-Gag wieder unter Schutt und Asche begraben.

12__Der Gemüsehof

Non solo castraure

Es ist bereits viel geschrieben worden über die »castraure« beziehungsweise die Artischocken von Sant'Erasmo … leider auch vieles, was nicht ganz richtig ist. Zunächst muss festgehalten werden, dass es unterschiedliche Sorten von Artischocken gibt. Die auf Sant'Erasmo angepflanzte Variante wird nicht »castraure« genannt, sondern »Violetto di Sant'Erasmo«, die violette Artischocke von Sant'Erasmo also. Seit Jahrhunderten werden in der venezianischen Lagune – nicht nur auf Sant'Erasmo, sondern auch auf anderen Inseln – Artischocken dieser Art gezüchtet. Der Grund, weshalb dieses Gemüse hier so gut gedeiht, liegt in den Bedingungen: Artischocken lieben einen groben Boden, so wie den auf Sant'Erasmo, der mit Schlamm aus den Kanälen der Lagune aufgeschüttet wurde und sich im Laufe der Jahre mit der normalen Erde gut vermischt hat und nun derart fruchtbar ist, dass auf die Verwendung von Düngemitteln meist verzichtet werden kann.

Mit »castraure« bezeichnet man ausschließlich die jungen, an oberster Stelle befindlichen Früchte, die einen zartbitteren Geschmack haben und meist roh genossen werden. Die Artischocken, welche sich in der nächsten Etage unter der Spitze befinden, werden »botoli« genannt und zumeist für Fischgerichte verwendet oder in Olivenöl eingelegt. Alle anderen Früchte an der Pflanze sind die »carciofi«, also die eigentlichen Artischocken, und wesentlich größer, weshalb sie zumeist zu Artischockenböden verarbeitet werden.

Auch wenn die Artischocken eine wichtige Rolle auf der Insel spielen, so wäre es falsch, Sant'Erasmo nur darauf zu reduzieren, denn es gedeihen hier jegliche Gemüse, was bei einem Besuch des Gemüsehofs »I Sapori di Sant'Erasmo« deutlich wird. Und so stammt nicht nur Wildspargel von der Insel, sondern auch die berühmten, besonders zarten und süßen Lagunen-Erbsen, der unverzichtbare Bestandteil des venezianischen Risotto-Klassikers »Risi e bisi«.

Adresse Sapori di Sant'Erasmo, Via Boaria Vecia, 6 Sant'Erasmo, 30141 Venedig, Tel. 0039/415282997, www.isaporidisanterasmo.com | **Vaporetto fermata** Der Hof liegt etwas abgelegen – am besten anrufen und sich abholen lassen oder ein Fahrrad mieten und nach dem Weg fragen. | **Tipp** Sant'Erasmo ist auch eine traditionelle Insel des Weinbaus, wobei das Weingut ORTO einen besonders guten Ruf genießt (www.ortodivenezia.com); die Insel ist ein Naturjuwel und jedenfalls eine Erkundung wert. Sehenswert ist auch der in der k.u.k. Zeit errichtete Torre Massimiliano, ein kürzlich renovierter ehemaliger Geschützturm, der dazu diente, Schiffe an der Einfahrt in die Lagune zu hindern – heute dient er als Kulturzentrum.

13__Die Moleche

Weiche Schale – molto buono!

Torcello ist schon ein wunderschönes Plätzchen, von dem aus man an (seltenen) klaren Tagen bis zu den verschneiten Bergspitzen der Karnischen Alpen blicken kann. Nördlich der Insel beginnt die sogenannte »laguna morta« (tote Lagune), die hauptsächlich Süßwasser enthält und von dem Gezeitenwechsel kaum betroffen ist – der Teil der Lagune, dessen Wasserstand mit Ebbe und Flut sinkt und steigt, wird analog »laguna viva« (lebende Lagune) genannt.

Wenn der Mensch nicht eingreifen würde, verwandelte sich die Lagune alsbald in ein tiefes Wasserbecken, und die wunderschönen Sandbänke und Salzmarschen (Barene), welche das typische Landschaftsbild der Lagune ausmachen, würden buchstäblich abgetragen werden. Verantwortlich dafür war die Löwenrepublik, denn diese ließ die vielen kleinen Flüsse, welche ursprünglich in die Lagune mündeten, direkt in die Adria umleiten, um eine Verlandung der Lagune zu verhindern und sich den natürlichen Schutz durch das umgebende Wasser zu erhalten.

Im nördlichen Teil der Insel befindet sich eine Art Kanal, in dem spezielle Fangreusen zu erkennen sind. Hierbei handelt es sich um Körbe, mit denen bestimmte Krebstiere gefangen werden. Normalerweise werden die Krebse der Lagune durch einen harten Panzer geschützt, doch in bestimmten Abständen wird dieser weich, damit sich die Tiere häuten können. Die Männchen wechseln zweimal im Jahr – nämlich im Frühjahr und Herbst – ihren Panzer, die Weibchen nur einmal, im Herbst. Die panzerlosen, weichen Krebse gelten als echte Delikatesse und sind daher eine begehrte Beute der Fischer.

Die weiblichen Krebstiere, manzaneta genannt, werden gesotten und für den »Insalata di mare« mariniert. Die begehrteren Männchen, im venezianischen Dialekt moleche genannt, werden in verquirltes Ei getaucht, mehliert in heißem Öl ausgebacken und sohin zum Genuss namens »Moleche ripiene«.

Adresse Torcello (Kanal oberhalb des Museo di Torcello), Isola di Torcello | **Vaporetto fermata** Torcello, Linie 9, 12, Nachtlinie N | **Tipp** Eine gute Adresse für den Krebsschmaus ist die Trattoria da Romano (www.daromano.it) in Burano – hier gibt es übrigens auch den berühmten Risotto de gó (Risotto mit Grundeln) oder Risotto nero di sepia (Risotto mit Tintenfisch-Tinte).

14__ Die Ponte del Diavolo
Wo der Teufel ewig wartet

Die Ponte del Diavolo (Teufelsbrücke) ist aufgrund ihrer pittoresken Lage eines der meistfotografierten Objekte der Insel. Jeder Besucher muss quasi an ihr vorbei, und niemand kann sich dem Zauber, der von der Brücke ausgeht, entziehen – doch kaum jemand weiß um die Legende, welche dem Zauber zugrunde liegt …

Zur Zeit der österreichischen Besatzung verliebte sich ein Mädchen aus einer adeligen venezianischen Familie in einen österreichischen Offizier. Als das unmögliche Liebesverhältnis aufflog, hat die Patrizierfamilie die junge Frau sofort voll Scham aus der Stadt gebracht, der junge Offizier hingegen wurde erstochen aufgefunden, sein Mörder aber niemals gefasst. Als das Mädchen vom Tod des Geliebten erfuhr, brach für sie eine Welt zusammen, woraufhin ihr ein Freund versprach, sie mit dem Liebsten wieder zusammenzubringen.

Der Mann wandte sich an eine alte Zauberin, die den Dämon mit den Schlüsseln für Raum und Zeit heraufbeschwören konnte. Man verabredete sich für den 24. Dezember auf der Brücke von Torcello, weil zu diesem Zeitpunkt die guten Geister anderweitig beschäftigt sind. Die Zauberin begab sich auf die Brücke und rief den Dämon herbei. Als dieser erschien, handelte sie aus, dass er den Schlüssel zu Raum und Zeit herausgebe – im Gegenzug sollte er in sieben Tagen die Seelen von sieben ungetauften Neugeborenen erhalten. Von der Gier getrieben, ging der Dämon auf den Handel ein. Die Zauberin erhielt den Schlüssel, warf ihn ins Wasser, und der junge Offizier erschien unter dem Brückenbogen. Die Geliebten fanden zueinander und konnten in einer anderen Welt glücklich werden.

Sieben Tage später wartete der Teufel vergeblich auf die Zauberin; diese war zuvor bei einem Brand ums Leben gekommen. Seitdem schleicht der Dämon jedes Jahr am 24. Dezember in Gestalt einer schwarzen Katze an der Brücke vorbei … auf die Seelen wartet er jedoch ewig vergeblich.

Adresse Ponte del Diavolo, Isola di Torcello, 30142 Venedig | **Vaporetto fermata** Torcello, Linie 9, 12, Nachtlinie N | **Tipp** Während der Geschichte um das venezianische Patriziermädchen und den österreichischen Offizier wahre Begebenheiten zugrunde liegen, ist das zweite große Mysterium der Insel – der sogenannte Thron des Attila, ein aus Stein gehauener Sitz weiter vorn bei der Basilika – reiner Phantasie entsprungen, denn der Sessel war ein Bischofsstuhl und hatte mit Attila nichts zu tun.

15___Der Peoplemover
Bausünden

Früher war die Insel Tronchetto eine brachliegende Ebene; durch künstliche Vergrößerung mittels Trockenlegungsmaßnahmen ist sie mittlerweile 18 Hektar groß und dient mit Lagerhallen, Fabriken, Fähranlegern sowie einem modernen Parkhaus der Stadt Venedig als Schaltstelle mit moderner Infrastruktur. Doch die Insel ist nicht unumstritten.

Ein Grund dafür ist, dass der hier befindliche Gemüse-Großmarkt um einen Fischmarkt erweitert werden und dafür der jetzige Fischmarkt am Rialto aufgegeben werden soll – für die Händler wäre das sicher praktisch, für die Anwohner wahrscheinlich weniger, und die Touristen würden um eine Sehenswürdigkeit ärmer, wenngleich die wenigsten von ihnen am Rialto Fisch einkaufen.

Den zweiten Anlass zu Diskussionen liefert der Peoplemover, der von der Stazione Tronchetto über die Stazione Marittima den Hafen und die Piazzale Roma miteinander verbindet. Vom Vaporetto aus ähnelt die Bahntrasse einem urzeitlichen Dinosaurierskelett und ist mehr skurril als schön – aber für die Venezianer selbst, die am Tronchetto ihre Autos in der Parkgarage abstellen und im Supermarkt einkaufen, ist die Verbindung nicht unpraktisch. Auch die Touristen von den Kreuzfahrtschiffen – welche im Schnitt nur vier bis fünf Stunden in Venedig verweilen – kommen schneller in die Stadt und zurück zum Hafen. Die Frage, ob das sinnvoll ist, dürfte obsolet sein.

Anders sieht es mit einem Projekt auf der Insel Sacca San Biagio aus: Der hier geplante Disney-ähnliche Themenpark würde sicher zahlreiche moderne »Kreuzfahrer« davon abhalten, durch Venedig zu eilen, weil viele von ihnen angesichts der seichten Theateraufführungen, Fastfood-Ketten und Bespaßungen à la Riesenrad gleich über die Stadt hinwegsehen könnten und gar nicht erst ins Zentrum kämen … Venedig war halt schon immer eine Stadt des ewigen Karnevals, der divertimenti (Vergnügungen) und des Profits!

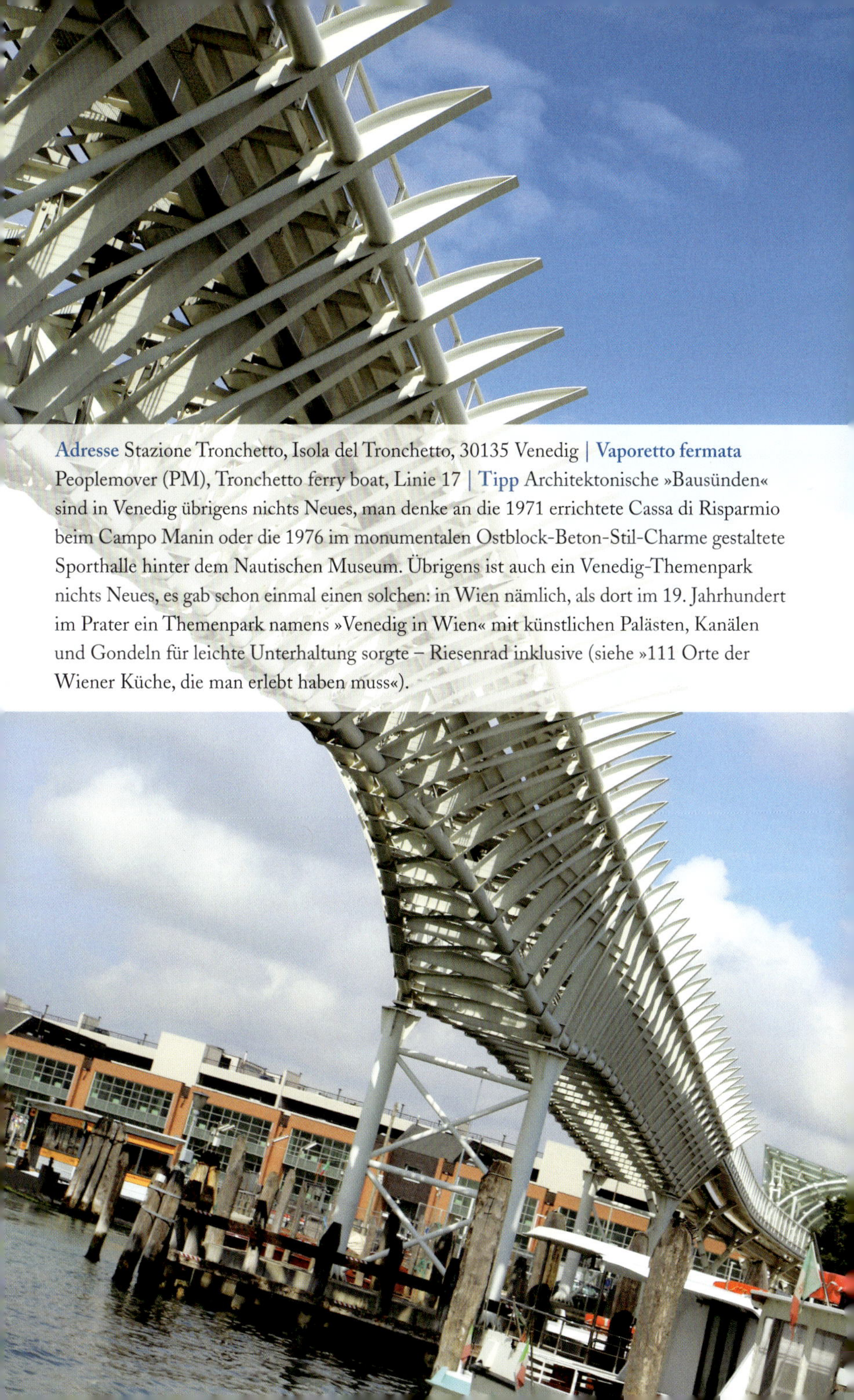

Adresse Stazione Tronchetto, Isola del Tronchetto, 30135 Venedig | **Vaporetto fermata**
Peoplemover (PM), Tronchetto ferry boat, Linie 17 | **Tipp** Architektonische »Bausünden«
sind in Venedig übrigens nichts Neues, man denke an die 1971 errichtete Cassa di Risparmio
beim Campo Manin oder die 1976 im monumentalen Ostblock-Beton-Stil-Charme gestaltete
Sporthalle hinter dem Nautischen Museum. Übrigens ist auch ein Venedig-Themenpark
nichts Neues, es gab schon einmal einen solchen: in Wien nämlich, als dort im 19. Jahrhundert
im Prater ein Themenpark namens »Venedig in Wien« mit künstlichen Palästen, Kanälen
und Gondeln für leichte Unterhaltung sorgte – Riesenrad inklusive (siehe »111 Orte der
Wiener Küche, die man erlebt haben muss«).

16__ Das Friedhofsmuseum

Ein gar nicht friedliches Bestattungsareal

Die Geschichte Venedigs ist eng mit der Restriktion der Rechte ihrer Juden verbunden. Es begann damit, dass den Juden im 10. Jahrhundert das Schifffahren verboten wurde, bevor man sie 1245 dann endgültig aus der Stadt vertrieb, worauf sie sich in Mestre und auf der Terraferma ansiedelten. Ab 1348 hatten die Juden dann doch wieder einen fixen Platz in der Gemeinde, man brauchte sie für das Bankgeschäft – dennoch wurden mittels der sogenannten »condotte« ihre persönlichen und wirtschaftlichen Freiheiten begrenzt. Es bestand die Notwendigkeit, einen Platz für die Beerdigung ihrer Toten zu finden, woraufhin die Stadt den Juden einen Platz auf dem Lido zuwies, der damals – bis auf das Kloster San Nicolò – völlig unbebaute Wildnis war. Nach einigem Hickhack mit den (wenig begeisterten) Benediktinermönchen konnte am 25. September 1386 der Kontrakt zur Errichtung eines Friedhofes unterschrieben werden – der erste Grabstein datiert aus dem Jahr 1389 und trägt den Namen »Samuel ben Shimson«.

Doch auf dem Friedhof sollte kein Frieden einkehren. Erst waren es die Benediktiner von San Nicolò, welche die Gräber schänden ließen, dann wurden in Kriegszeiten immer wieder Grabsteine entfernt und zum Bau von Befestigungsanlagen verwendet, und schließlich sorgten auch Überschwemmungen dafür, dass Bestattete wieder auftauchten. 1774 fand die letzte Bestattung auf dem »antico cimitero ebraico« statt, und der weiter landeinwärts liegende neue Teil wurde in Betrieb genommen, der dann unter Napoleon verwüstet wurde.

Der alte Teil ist zwar schön anzusehen, aber eigentlich ein Friedhofsmuseum, dessen Grund nicht einmal mehr mit dem ursprünglichen Areal identisch ist. Und wegen der bewegten Geschichte besteht auch keine Verbindung mehr zwischen den Grabsteinen und den Gebeinen – sie sind nicht mehr zuzuordnen, was eine besondere Demütigung für die Juden ist, deren Gräber ihrem Glauben nach immerwährend sind.

Adresse Antico cimitero ebraico, Riviera San Nicolò, Lido, 30126 Venedig | **Öffnungszeiten**
nur auf Anmeldung oder bei Führungen zu besichtigen So−Fr 10−16 Uhr; Auskünfte unter
Tel. 0039/41715359 oder prenotazioni@codesscultura.it (Achtung: Eine Führung kostet
dasselbe, egal, ob man alleine oder als Gruppe kommt; das Geld kommt der immer kleiner
werdenden jüdischen Gemeinde von Venedig zugute.) | **Vaporetto fermata** Lido S.ta Maria
Elisabetta, Linie R, B, N, 1, 2, 5.1/5.2, 6, 8, 10, 14; zu Fuß 10 Minuten von der Haltestelle |
Tipp Wenn man am Eingangsportal des neuen Teils des jüdischen Friedhofs vorbeigeht
und am Ende links in die Via Marco Polo einbiegt, gelangt man zur Strada dietro l'Ospizio
Marino, wo die verlassenen Gebäude eines ehemaligen Militär-Hospitals eine gespenstisch-
beklemmende Atmosphäre vermitteln.

17__Im letzten Stock

Wo Corto Maltese »geboren« wurde

Nur wenigen ist bekannt, dass im letzten Stock (dem mit der präch-
tigen Dachterrasse) des Hauses in der Via Doge 21 kein Geringerer
als Hugo Pratt lebte und mit seiner Figur Corto Maltese einen Meilenstein der internationalen Comic-Szene schuf. Corto Maltese – zu
Deutsch: der kleine Malteser – erschien erstmals 1967 in der Serie
»Una ballata del mare salato« (Eine Südseeballade), in welcher er sich
kurz vor und während des Ersten Weltkrieges im Pazifik sowohl mit
Piraten als auch mit der Kriegsmarine des Deutschen Reiches und
Großbritanniens auseinandersetzen musste. Es ist eine melancholi-
sche Abenteuergeschichte, die als Ausgangspunkt europäischer Gra-
phic Novels gilt.

Corto Malteses Name ist als Hommage an die Unabhängigkeit
Maltas zu interpretieren. Er ist eine ausgeprägt charaktervolle Figur
mit vielen typisch mediterranen Eigenschaften, eine anarchistische,
ironische und störrische Figur, ein Seemann ohne Schiff und ro-
mantischer Held. Seine Reisen führen ihn auf alle Kontinente, doch
diese Fahrten sind keine Schatzsuche, sondern mehr eine Suche nach
sich selbst. Er wurde als idealisiertes Selbstbildnis zur Hauptfigur
von Pratts Schaffen.

In den Geschichten Corto Malteses nehmen faszinierende und
wunderschöne Frauen einen bedeutenden Platz ein; nicht zuletzt
deshalb hatte der verträumte, nihilistische und unberechenbare Frau-
enheld vor allem eine erwachsene Fangemeinde.

Nach der Veröffentlichung der Romane wurde auch die Serenissima vom Zauber der Geschichten Malteses angesteckt. Diesen Zauber nachempfinden kann man heute zum Beispiel im Corto Maltese Museum, im Restaurant Corte Sconta in der Calle del Pestrin alla
Bragora, am Campiello Corto Maltese – der dem Seemann gewidmet wurde – und im Hotel Sofitel (Pratt war mit dem Besitzer be-
freundet). Aber am bedeutendsten ist dennoch das Haus am Lido,
weil Corto Maltese hier das Licht der Welt erblickte.

Adresse Via Doge, Lido 21 (letzter Stock des Hauses, mit Dachterrasse mit Blick aufs Meer), Malamocco, 30126 Venedig | **Öffnungszeiten** Privathaus, Wohnung nicht zu besichtigen (nur von außen) | **Vaporetto fermata** Lido S.ta Maria Elisabetta, Linie R, B, N, 1, 2, 5.1/5.2, 6, 8, 10, 14; auch leicht erreichbar mit dem Bus vom Piazzale S. Maria Elisabetta Richtung Alberoni | **Tipp** Bei dem in Corto Malteses Geschichten immer wieder einmal vorkommenden Gasthaus handelt es sich um die Trattoria da Scarso in Malamocco, Piazzetta di Malamocco, wo sich Hugo Pratt gerne mit Freunden traf; empfehlenswerter ist aber die Trattoria Ai Ponte di Borgo in der Calle delle Mercerie 27.

18 Die Anker

Glück im Unglück ... oder was?

An der Ecke des Sotoportego del Traghetto sind zwei einem Anker ähnliche Doppelhaken eingemauert. Viele der Passanten berühren diese beziehungsweise schlagen sie gegen die Wand, weil das angeblich Glück bringen soll. Ein seltsamer und zugleich skurriler Brauch, wenn man die Geschichte dieser Haken kennt.

Einst waren sie blutiger Bestandteil des venezianischen Rechtssystems. Die »promissio maleficiorum« (Strafgesetzgebung) war besonders bei Kapitalverbrechen – dazu zählten vor allem Mord, Raubmord und sexueller Missbrauch von Kindern – wenig zimperlich. Ein Verbrechen sollte nicht einfach nur gemaßregelt werden, man übte grausame Vergeltung, denn die Strafe sollte die Perfidie des Täters widerspiegeln.

Neben den »harmlosen« Strafen, wie an den Pranger stellen, brandmarken, auspeitschen und verbannen, wurden bei schwereren Delikten die Augen ausgestochen, Ohren abgeschnitten, Hände abgehackt oder Kerkerhaft verhängt. Die nächste Stufe war dann schon die Todesstrafe, die vom »einfachen« Hängen über Ertränken, Erschlagen und Kopf abtrennen bis hin zum höchst schmerzhaften Verbrennen reichen konnte.

War allerdings ein Verbrechen besonders schwerwiegend und dazu außergewöhnlich heimtückisch und perfid, ging man noch einen Schritt weiter, indem man verschiedene Strafen kombinierte. Der Delinquent wurde in solchen Fällen zuerst öffentlich verspottet, dann brachte man ihn an den Ort des Verbrechens, wo man ihm die Hände abschlug, danach wurde er unter Schlägen und Auspeitschen zum Henker geschleift – nicht ohne ihn vor Urteilsvollstreckung nach allen Regeln der Kunst zu foltern. Schließlich wurde der Körper geviertelt und zur Abschreckung an vier Stellen der Stadt zur Schau gestellt – die einzelnen Körperteile hingen dann an Haken wie diesen ... Die Frage, warum die nun ausgerechnet Glück bringen sollen, bleibt leider unbeantwortet.

Adresse Ecke des Sotoportego del Traghetto, bei der Mündung der Ponte San Canciano in die Calle de la Malvasia, Cannaregio, 30121 Venezia | **Vaporetto fermata** Ca' D'oro, Linie 1, Nachtlinie N | **Tipp** Im Hinterteil des Gebäudes hängen zwei Ringe – sogenannte »sciavonéle« – an der Wand; diese dienten zur Befestigung der Ketten des Prangers, mit denen der Verurteilte dem Spott der Leute ausgesetzt wurde.

19__ Die Baumschule

»Il Vivaio alla Misericordia«

Da, wo einst das Kloster Santa Maria della Misericordia stand, findet man heute eine idyllische und stimmungsvolle Grünfläche und die einzige Baumschule in der venezianischen Altstadt. Hinter alten Mauern liegt ein üppiger Garten mit Treibhäusern, Blumen und Pflanzen aller Art – dazwischen ragen die Reste des alten Campanile Valverde empor.

Die Cooperativa Soziale Laguna Fioritá hat die Leitung des Gartens inne und kümmert sich um die Aufzucht der Pflanzen, welche im Direktverkauf vermarktet werden; dabei setzt man auch auf die Zusammenarbeit mit Behinderten. Naturliebhaber werden hier genauso fündig wie Gartenbesitzer, denn das Sortiment beinhaltet neben Pflanzen aller Art auch allerlei Utensilien, welche für die Gartenpflege benötigt werden. Darüber hinaus ist die Genossenschaft auf die Pflege von Gärten, aber auch Terrassen und bepflanzte Altane (siehe Seite 220) spezialisiert.

Ein leider nur selten zu bewunderndes Musterstück ihrer Arbeit ist der Garten der Scuola vecchia della Misericordia, eine verborgene Grünanlage von fast 2.500 Quadratmetern. Die Anlage ist deshalb so bemerkenswert, da sie nicht nur als typisch venezianischer Garten gilt, sondern auch als Musterbeispiel für einen Klostergarten dient. Als die Bruderschaft della Misericordia im Jahre 600 hierherzog, nutzte sie die Grünfläche über Jahrhunderte hinweg als Gemüsegarten und Friedhof. Nach der Aufhebung der Bruderschaft durch Napoleon 1808 wurde die Anlage in einen italienischen Garten mit Grasflächen, Bäumen, Hecken und geometrisch angelegten Blumenbeeten umgestaltet.

1920 übernahm der Künstler Italico Brass das Anwesen und richtete sich hier sein Atelier ein; ihm ist es zu verdanken, dass der Garten in seinen ursprünglichen Zustand zurückversetzt wurde, mit Zypressen, Duftpflanzen und einem Hortus Conclusus mit geometrischen Blumenbeeten und kleinen, nach bestimmten Formen zugeschnittenen Buchsbäumen.

Adresse Campo de l'Abazia, Cannaregio 3546, 30121 Venedig | **Öffnungszeiten** Mo–Fr 9–12.30 und 14.30–17 Uhr | **Vaporetto fermata** Fondamenta Nuove, Linie B, 4.1/4.2, 5.1/5.2, 12, 13, 22, Nachtlinie N | **Tipp** Abgesehen von den seltenen besonderen Anlässen ist ein kleines Stück vom Garten der Scuola vecchia della Misericordia durch das Gitter am Rio della Sensa zu sehen – oder auf Anfrage beim Wigwam Club Gardini Storici Venezia: www.giardini-venezia.it.

20__Die Bigoli
Venedigs Pasta-Beitrag

Obwohl fast überall in Venedig Pastagerichte auf der Speisekarte stehen, verhält es sich dennoch so, dass Teigwaren eher ein Tribut an die kulinarischen Vorlieben der Touristen und deren Erwartungshaltung an die italienische Küche sind. Die Venezianer selbst ziehen traditionell Risotto-Gerichte vor.

Dennoch gibt es auch in Venedig eine regionale Pasta-Variante, die aber kaum mehr irgendwo in Originalform angeboten wird. Es handelt sich um die Bigoli, einen speziellen Typ der »pasta lunga« (lange Pasta, wie Spaghetti).

Stefano Aldreghetti vom Ristorante da Poggi erklärt: »Bigoli sind eine lokale und sehr aromatische Pasta, die aus Weizen- oder Buchweizenteig mit vielen Eiern – original wären Enteneier – hergestellt wird. Früher, lange bevor Nudelmaschinen und industrielle Fertigung den Markt beherrschten, wurde die Pasta – Nudel für Nudel – ausschließlich mit den Händen gewuzelt; später benutzte man zur Herstellung auch den sogenannten bigolaro, eine Art urtümliche Nudelpresse, die an einem Schemel befestigt ist und aus einem Messingrohr besteht, in das eine Bronzematrize eingelegt wird, durch die man mittels einer Kurbel den Teig presst. Original ist das aber nicht, denn Bigoli sind besonders dicke Nudeln von unregelmäßiger Form, die nur mittels Handarbeit die authentische Form erhalten.«

Da die Herstellung mit der Hand sehr aufwendig war, wurde gemeinschaftlich ein größerer Vorrat produziert, den man auf Röhricht trocknen ließ – doch am besten sind Bigoli als »pasta fresca« (frische Pasta), die entweder als »bigoli in salsa« (mit Zwiebeln und Salzsardine), als »bigoli alla pescatora« (mit Venus-Muscheln, Garnelen und/oder Kalamares) oder in Form der berühmten »bigoli con ragù d'anatra« aufgetischt werden, wobei erst die Bigoli mit dem Wildenten-Sugo als »primo« aufgetischt werden und anschließend das gesottene Entenfleisch als »secondo« genossen wird.

Adresse Ristorante da Poggi, Rio terra' Maddalena, Cannaregio, 30121 Venedig, Tel. 0039/41721199 | **Öffnungszeiten** Di–So 12.30–14.30 und 19–23 Uhr | **Vaporetto fermata** San Marcuola, Linie 1, Nachtlinie N | **Tipp** Da auch im da Poggi der Neuzeit Tribut gezollt werden muss, wird auch hier nicht immer die Pasta mit den Händen gewuzelt, sondern nur zu besonderen Anlässen – gleichwohl ist das Lokal aber eine Adresse für den typischen venezianischen Geschmack (ACHTUNG: Venezianer salzen wenig, was oft zu Miss-verständnissen führt). Frische Pasta in bester Qualität gibt es hier zu kaufen: Casa del Parmigiano, San Polo 214.

21__ Blucobalto

Die wunderbare Welt des Pietro Russo

Künstler gibt es in Venedig seit Gedenken zahlreiche, wenn nicht zahllose. Manche haben große Namen, andere glänzen mit großen Werken, doch am Campo dei Mori findet man einen Künstler, der kein gängiges Kunst-Klischee bedient, sondern seine eigene phantastische Welt zwischen Realem und Surrealem kreiert. Pietro Russo ist sein Name – sein Werk nennt er »Blucobalto«.

Es ist eine phantasievolle Welt, die sich der gebürtige Napoletaner Pietro Russo hier geschaffen hat. Keine Welt der Provokation und des Protestes; auch scheint es ihm nicht darum zu gehen, die Kunst neu zu definieren. Russos Zeichnungen, Bronzeskulpturen, Holzarbeiten und Möbel leben, und man wird als Betrachter Teil eines Tagtraums, in dem sich Vögel in paradiesischen Gärten am immerwährend milchgebenden Busen sinnlicher Nährmütter laben, wo engelhafte Bogenschützen sehnsüchtig auf imaginäre Ziele in der Ferne blicken, wo mythologische Pferde auf glückliche Schafe treffen, Sirenen über dem Wasser schweben oder junge Frauen mit Fischen spielend auf dem Meer tanzen …

Man fühlt sich zurückversetzt in eine archaische, ja paradiesische Welt, und man ist geneigt, an Atlantis und all die schönen mit dieser sagenhaften Welt in Verbindung stehenden Allegorien zu denken.

Und doch ist das zauberhafte Szenario weder reine Mythologie noch Phantasterei, Pietro hat die Außenwelt in sich aufgenommen und schildert nun auf diese Art seine persönlichen Erfahrungen und Empfindungen; seine Werke sind mystische Zeugnisse seiner engen Bindung zur Kunst und ihrer Geschichte, die in archaischen Zeiten ihren paradiesischen Ursprung nahmen. Verschmelzen dann Traum und Realität zu einem trostspendenden Wohlbefinden, wie man es sonst wohl nur am nährenden Mutterbusen erfahren hat, scheinen in diesem wundersamen Moment die Werke etwas vom Betrachter zu wünschen, um ihren Sinn zu erlangen: Einfühlungsvermögen.

Adresse Campo dei Mori, Cannaregio 3384, 30121 Venedig (www.pietrorusso.it) | **Öffnungszeiten** Besuche nach Voranmeldung möglich, Tel. 0039/3471525044 | **Vaporetto fermata** Orto, Linie A, 4.1/4.2, 5.1/5.2 | **Tipp** An der Ecke Campo dei Mori und Fondamenta Mori liegt die Ostaria L'Orto dei Mori, die zwar keine zauberhafte Welt verspricht, dafür aber mit ehrlicher bodenständiger Küche und Weinen verwöhnt – und das ist auch sehr viel wert! (www.osteriaortodeimori.com)

22 Der Briefkasten

»Bocca della verita« für Denunzianten

Als Konsequenz der Tiepolo-Verschwörung (siehe Seite 208) wurde im Juli 1310 eines der mächtigsten Gremien aller Zeiten geschaffen: der sogenannte Consiglio dei Dieci, der sagenumwobene Rat der Zehn. Dieser wurde zunächst mit Polizei- und Kontrollfunktionen ausgestattet, um die weitverzweigte Verschwörung vollends aufzudecken. Ursprünglich waren dafür zwei Monate vorgesehen, sollten diese nicht ausreichen, wollte man um weitere zwei Monate verlängern. 1455 war man das ewige Verlängern wohl leid, denn der Zehnerrat wurde nun zu einer permanenten Institution erhoben und damit zur obersten Polizeibehörde Venedigs. Der Maggior Consiglio wählte die Mitglieder des Rates aus dem Senat, Sitzungen fanden grundsätzlich nur unter Anwesenheit des Dogen statt.

Der Consiglio dei Dieci wachte über die Staatssicherheit, die öffentliche Ordnung, sollte Spionage verhindern, Verschwörungen aufdecken und war für Hochverrat zuständig. Er wurde immer mächtiger und hatte bald uneingeschränkte Rechtsmittel, von Folter und Verfolgung bis hin zu erlaubten Attentaten und Geheimkonten, zur Verfügung; dazu ließen ein angeschlossenes Ordnungsamt, der oberste Gerichtshof und die Übernahme des Kriegsministeriums den Rat der Zehn zu einer Art Superministerium werden. Bespitzelungen und verdeckte Ermittlungen waren an der Tagesordnung und sorgten für innenpolitischen Terror.

Zur Informationsbeschaffung dienten außerdem besondere Briefkästen, wie der an einer Backsteinmauer in Cannaregio. Hier konnten Denunzianten ihrem Werk nachgehen und Zettel mit Anschuldigungen in den Mund werfen. Repressalien hatten sie nicht zu befürchten; zwar mussten sie ihren Namen unter die Anschuldigung setzen, doch dieser wurde vom Rat der Zehn geheim gehalten. Wenig verwunderlich, dass der Rat schon bald auf ein ganzes Heer von bezahlten Spitzeln zurückgreifen konnte.

Adresse Calle della Testa, Cannaregio 6216, 30121 Venedig | **Vaporetto fermata** Ospedale, Linie B, 4.1/4.2, 5.1/5.2, 22 | **Tipp** Ein anderes schönes Beispiel für einen derartigen Briefkasten findet man heute in der Loggia des Palazzo Ducale. Übrigens: Als der Zehnerrat selbst den Stadtvätern zu mächtig wurde, schränkte man seine Befugnisse wieder ein; zudem entwickelten sich die »Avogadori del Comùm« seit dem 14. Jahrhundert zu einer Säule der Rechtsstaatlichkeit, die darüber wachte, dass Amtsträger Gesetze einhielten und ihre Kompetenzen nicht überschritten. Außerdem konnten sie gegen Entscheidungen des berüchtigten Zehnerrats Einspruch erheben.

23__ Der Eruv

Ungewöhnlich moderne Auslegung

Bedroht von den Judenverfolgungen in Spanien, von jenen in Portugal und gefährdet von der Liga von Cambrai, die sich auf einem Feldzug gegen Venedig befand und vor allem die Gebiete der Terraferma bedrohte, flohen viele Juden nach Venedig.

Wie überall in Europa waren sie auch hier Restriktionen ausgesetzt – man duldete sie als Ärzte oder Bankiers, nicht aber als Bürger. Geschätzt wurde vor allem das Geld, welches sie in die Stadt brachten. Als es um 1500 zu einem Zusammenbruch der von Venezianern geführten Banken kam, räumte man den Juden ein Wohnrecht in der Stadt ein.

Am 29. März 1516 erließ der Senat ein Gesetz, wonach sie im Gebiet der Eisengießer – der »getori« – wohnen durften, und das erste Ghetto entstand. Wenn man sich die Karte von Venedig ansieht, erkennt man, warum gerade dieser Bereich gewählt wurde – er war leicht vom Rest der Stadt abzutrennen.

Im Erdgeschoss der Spanischen Synagoge kann man eine sonderbare Karte sehen, auf der die Grenzen des sogenannten Eruv eingetragen sind. Der Eruv bezieht sich auf eine alttestamentarische Tradition, nach der es den Juden am Sabbat und am Tag des Kippur verboten ist, jedwede Gegenstände von einem öffentlichen(!) Ort zum anderen zu tragen. Wörtlich genommen ist das Gesetz sehr streng, weil man weder einen Schlüssel noch eine Brille (außer auf der Nase), Kugelschreiber oder irgendwelche Gegenstände des alltäglichen Lebens mit sich führen darf.

Um diese Vorschrift zu umgehen, traf die jüdische Gemeinde von Venedig mit dem Stadtrat – natürlich gegen Entrichtung einer »bescheidenen« Summe – eine Vereinbarung, der zufolge einige eigentlich öffentliche Bereiche nun als Privateigentum der jüdischen Gemeinde galten und damit von dem Verbot ausgenommen waren. Mit dieser modernen Auslegung des alten Brauches war es den Juden möglich, in diesem Bereich Gegenstände mit sich zu führen.

Karte der Eruv-Grenzen der jüdischen Gemeinde Venedig (Unità Ebraica di Venezia / Jewish Community of Venice)

UNITA' EBRAICA DI VENEZIA
JEWISH COMMUNITY OF VENICE
קיק ויניציאה יע"א

— Confini dell'Eruv
Borders of the Eruv
גבולות העירוב

Aree non comprese nell'Eruv
Areas not included in the Eruv
אזורים לא כלולים בעירוב

Adresse Spanische Synagoge, Campo del Ghetto Vecchio, Cannaregio, 30121 Venedig | **Öffnungszeiten** während der Gottesdienste (am Freitagabend, samstags um 9 Uhr) – nur geführte Besichtigungen | **Vaporetto fermata** Guglie, Linie A, 4.1/4.2 und 5.1/5.2 | **Tipp** Am Eingang der zwei Häuser, die zum alten Ghetto führen, kann man noch Löcher sehen, in denen sich früher die Türangeln der Tore zum Ghetto befanden, die bei Dunkelheit geschlossen wurden. – Nach 24 Uhr durfte kein Jude das Ghetto verlassen. Erst die napoleonische Verwaltung hob die Diskriminierung auf und ließ die Tore verbrennen.

PARROCCHIA DE S. ALVISE
PONTE DE GHETTO VECCHIO
CAMPO DE GHETTO NOVO

24__Die Flammenkrone

Alchemie am Philosophenhort

Die Grenzen zwischen Scharlatanerie und Philosophie waren in der Alchemie mitunter fließend, denn bei allen Alchemisten handelte es sich um Menschen mit einer umfassenden Bildung. Allerdings fehlte vielen von ihnen die moralische Gesinnung. Die anderen zeichneten sich durch ein inneres Gleichgewicht zwischen Verstand und Herz, Moralprinzipien und Kultur, Buße und Bescheidenheit aus – was den Alchemisten eigentlich zum Philosophen machte, denn die »geistige Alchemie« hatte ausschließlich das Ziel der Erleuchtung.

Davon zu unterscheiden ist das, was die Alchemie berühmt gemacht hat, nämlich die »Zauberei« im Laboratorium, die die Verwandlung unreiner Elemente in Silber oder Gold zum Ziel hatte. Grundsätzlich wurden beide Richtungen nicht getrennt betrachtet; der Alchemist reproduzierte die Erhabenheit des Universums mit Demut im Labor und wurde außerhalb seines Laboratoriums zum geistigen Alchemisten. Diejenigen, welche sich der Herstellung von Silber und Gold verschrieben, wurden zu Scharlatanen.

In Venedig wimmelte es nur so von echten Alchemisten, aber auch einigen Hochstaplern, die mit Hilfe von Tricks ihre Mitbürger um ihr Geld erleichterten und damit dem Ruf der Alchemie schadeten. Besonders beliebtes Requisit war hierbei eine Holzkiste mit doppeltem Boden, in dem Gold versteckt werden konnte, das dann zum richtigen Zeitpunkt zum Vorschein kam. Zur Eindämmung der Betrügereien wurde 1530 gegen Alchemisten die Todesstrafe verhängt.

Um dieser zu entgehen, dabei aber ihre Geheimnisse zu bewahren, begannen die geistigen Alchemisten, eine symbolische und metaphorische Sprache zu entwickeln, die nur Eingeweihte verstanden. So verkörpert beispielsweise der Flammenkönig auf einem der Reliefs am Palazzo Lezze das philosophische Gold und das Sonnenbewusstsein. Wohl nicht umsonst nannte der französische Philosoph und Alchemist Fulcanelli den Palast »Philosophenhort«.

Adresse Palazzo Lezze, Fondamenta della Misericordia, Cannaregio 3598, 30121 Venedig |
Vaporetto fermata S. Marcuola, Linie 1, Nachtlinie N | **Tipp** Etwas weiter vorne am
Fondamenta Misericordia liegt die Weinbar VINO VERO, in der man phantasievoll
zubereitete »cicchetti« genießen kann, wie zum Beispiel »dentice mantecato« (Zahnbrassen-
Püree, ähnlich wie »baccala mantecato«), Zucchini-Carpaccio mit Minzpesto, Rucola mit
in Olivenöl eingelegtem Fisch oder roh marinierte Pilze mit Pancetta – gute Weine und
ein angenehmes Publikum machen die Bar zu einem Ort des Genusses!

25__ Die Gedenktafel Santa Lucia

Wie eine Kirche dem Bahnhof weichen musste

Jährlich werden wahrscheinlich Millionen von Menschen – Einheimische wie Touristen gleichermaßen – mehr oder weniger achtlos über die hier im Boden eingelassene, an sich in der Tat ziemlich unscheinbare Gedenkplakette gehen, die an die ehemalige Kirche Santa Lucia erinnert, welche einst hier stand. Beim Bau des Bahnhofs wurde sie einfach abgerissen. Das heutige Bahnhofsgebäude wurde im Jahr 1952 fertiggestellt und ist in seinem jetzigen Erscheinungsbild das Ergebnis einer Reihe von Entwürfen, die im Rahmen eines 1934 durchgeführten Wettbewerbs entstanden sind. Gewinner des Wettbewerbs war ein gewisser Virgilio Vallot (1901–1982), doch der Bau konnte erst lange nach Kriegsende durch den Architekten Paolo Perilli fertiggestellt werden.

Die Mitte des 19. Jahrhunderts zwischen Wien und Venedig errichtete Eisenbahnverbindung war übrigens auch der Grund, warum einst am Wiener Südbahnhof zwei Markuslöwen zu sehen waren – einer überlebte die Bombenangriffe des Zweiten Weltkrieges nicht, der zweite zierte die ehemalige Eingangshalle des alten Südbahnhofs, der derzeit zum Wiener Hauptbahnhof umgebaut wird (der venezianische Löwe hat auch im neuen Wiener Hauptbahnhof seinen Platz in der Halle).

Um aber in Venedig überhaupt einen Bahnhof bauen zu können, wurden damals mehrere Gebäude dem Erdboden gleichgemacht: die Scuola dei Nobili, der Palazzo Lion Cavazza, die besagte Kirche Santa Lucia samt Kloster sowie das Kloster und die Kirche von Corpus Domini. – Wenn heute jemand eine derartige Idee präsentieren würde …

Um die heilige Lucia und ihre Reliquien, die sich in der 1861 abgerissenen Kirche befanden, weiter verehren zu können, wurde die Kirche Santi Gremia um eine Kapelle erweitert und in Santi Gremia e Lucia umgetauft. An die einstige Kirche erinnern nur noch die Gedenktafel sowie der Bahnhof selbst: Stazione di Venezia Santa Lucia.

DEGLI AVI NEL 1313 ERESSE E DEDICO
A LA CHIESA RINNOVATA AGLI INIZI
L 1860

ALE DI SAN GEREMIA PROFETA C
O CORPO DELLA MARTIRE C

Adresse Die Gedenktafel befindet sich inmitten des Platzes vor dem Eingang des Hauptbahnhofs, Fondamenta Santa Lucia, Cannaregio, 30121 Venedig | **Vaporetto fermata** Ferrovia, Linie 1, 2, 3, 4.1/4.2, 5.1/5.2, Nachtlinie N | **Tipp** Ähnlich wie auf der Giudecca waren auch hier einige Fabriken angesiedelt. Beim Bahnhof befand sich die bis in die 1950er Jahre sehr bedeutende Streichholzfabrik Fiammiferi Saffa (heute die Wohnanlagen in der Calle Solfarin), und bei der Piazzale Roma war einst die Tabakfabrik Manifattura Tabacchi angesiedelt, damals eine der größten Industriestätten von Venedig.

26__Die herausgerissenen Augen
Auf einem Tablett serviert

In der Cappella Corner befindet sich ein relativ unbekanntes Tie-polo-Gemälde mit dem schönen Namen »La Comunione di Santa Lucia« (Die Kommunion der heiligen Lucia). An und für sich soll-te die Kommunion ja ein Festtag sein, doch dieses Bild erzählt vom Martyrium der heiligen Lucia und wie sie vor ihrer Hinrichtung ihre Sterbekommunion empfängt.

Der Sage nach wurde Lucia als Tochter einer reichen adeligen Familie im Jahre 300 in Syrakus geboren. Enttäuscht von ihrem Bräu-tigam beschloss sie, ihr Leben Gott zu weihen, und legte das Ge-lübde der Keuschheit und Armut ab; das Vermögen des Bräutigams verteilte sie unter den Armen. Wütend klagte der Zurückgewiesene sie beim Konsul Paschasius als Christin an, zudem habe Lucia gegen die Gesetze des Kaisers verstoßen.

Der Konsul versuchte vergeblich, Lucia zu einer Gottesleugnung zu bewegen, woraufhin er einigen Männern aus seiner Leibgarde be-fahl, die junge Frau zu vergewaltigen und anschließend in ein Bor-dell zu bringen, wo sie zwangsweise geschändet werden sollte. Doch der Heilige Geist stieg auf Lucia herab und machte sie so schwer, dass nicht einmal ein Dutzend Ochsen und Männer sie von der Stel-le bewegen konnten. Um dieser »Hexerei« ein Ende zu setzen, befahl der Konsul, sie zuerst mit Urin und anschließend mit kochend hei-ßem Pech und mit Harz versetztem Öl zu übergießen. Aus nicht überlieferten Gründen ließ der Konsul von diesem Plan ab und ver-ordnete, dass Lucia zuerst die Augen auszustechen seien, bevor man sie enthauptete.

Diese Szene wird auf dem Gemälde sehr spektakulär und auch etwas makaber dargestellt, denn Lucias Augen liegen herausgeschnit-ten auf einem Tablett, das peinigende Messer blutverschmiert da-neben. Der Legende nach hat sich Lucia vor ihrer Enthauptung die Augen wieder eingesetzt und konnte sehen … Sie wurde zur Schutz-patronin der Optiker und bei Augenleiden angerufen.

Adresse Capella Corner in der Kirche Santi Apostoli, Campo Santi Apostoli, Cannaregio, 30121 Venedig | **Vaporetto fermata** Ca' d'Oro, Linie 1, Nachtlinie N | **Tipp** Auf dem Bild »Il martirio di Santa Lucia« (Das Martyrium der heiligen Lucia), das in der Kirche Giorgio Maggiore, Isola die San Giorgio Maggiore, zu betrachten ist, wird die Szene dargestellt, wie Ochsen und Männer vergebens versuchen, Lucia zur Hinrichtung zu bringen. In der Kirche Santi Geremia e Lucia, Campo San Geremia, werden die Reliquien der Heiligen aufbewahrt.

27 Die Inschrift

Ein »frostiger« Stein

Die Venezianer leiteten bereits im 15. Jahrhundert die Hauptzuflüsse Brenta, Piave und Sile in die Adria um, weil sie damit den Nachschub an Geröll, Schlick, Sand und die Süßwasserzufuhr unterbinden wollten, welche die Lagune hätten verlanden lassen (siehe Seite 34). Diese gewaltigen Anstrengungen waren Ausdruck der Herrschaftsideologie und der Unabhängigkeit – man war niemandem untertan, weil keine Verbindung zu Herrschaftsbereichen auf dem Festland bestand. Die Nachbarn waren in erster Linie potenzielle Feinde, deren Eindringen man verhindern wollte; das umgebende Wasser und das verwirrende Kanalnetz waren da ein guter Schutz.

Doch es gab Jahre, da wurde dieser Schutz zur Bedrohung, und wie nahe diese Bedrohung rücken konnte, zeigte sich vor allem in extrem kalten Wintern. Dann nämlich, wenn die Lagune zufror und man über die Eisschollen kommend Venedig hätte einnehmen können. Aufzeichnungen zufolge wäre dies im Winter 1431/32 gut möglich gewesen, doch keiner der Gegner nutzte die Gunst der Stunde. In den letzten Jahrhunderten sind noch weitere Winter wegen ihrer Kälte in besonderer Erinnerung geblieben: 1708, 1789, 1864 und 1929 beispielsweise war die Lagune vollkommen zugefroren – und das ohne politische Folgen.

Am Sotoportego del Traghetto befindet sich eine Säule mit einer interessanten Inschrift, die von einem gewissen Vincenzo Bianchi verfasst wurde: »Zur ewigen Erinnerung an das Jahr 1864, als Venedig im Frost erstarrte und die Menschen von den Fondamenta Nuova bis zur Insel San Cristoforo gingen und dabei eine lange Schlange bildeten.«

Die Lagune war also derart dick zugefroren, dass die Menschen über das Eis bis hinüber auf die Insel San Cristoforo (ist heute mit San Michele verbunden) wandern konnten. Kaum auszudenken, wenn jemand in böser Absicht umgekehrt Richtung Venedig marschiert wäre …

Adresse Sotoportego del Traghetto (ehemaliger Säulengang), Cannaregio, 30121 Venedig | **Vaporetto fermata** Ca' D'oro, Linie 1, Nachtlinie N | **Tipp** Auch die nahe gelegene Kirche San Canciano, Campo San Canciano, ist einen Besuch wert – insbesondere weil sie sich für Venedig vollkommen untypisch in sehr schlichtem Gewand zeigt. Das liegt vor allem daran, dass die im 15. Jahrhundert geplante Renovierung aufgrund mangelnder Geldmittel auf das 18. Jahrhundert verschoben wurde. Die Kirche liegt nahe dem Kanal Santi Apostoli, früher eine wichtige Verkehrsader für Boote aus Istrien und von den nahen Inseln Torcello, Mazzorbo, Burano und Murano.

28__Die Kunstgießerei Valese

Wo die Seepferdchen entstehen

Weithin nur wenig bekannt ist die Tatsache, dass auch die Metallverarbeitung in Venedig auf eine lange Tradition zurückblicken kann. Eine der heute noch in Betrieb befindlichen Gießereien ist die Werkstatt Valese, die allein schon mit ihrer eindrucksvollen Lage neben der Kirche Madonna dell'Orto mit Blick auf die nördliche Lagune punktet. Im Inneren herrscht eine Szenerie, wie man sie sich in traditionellen Handwerksbetrieben vorstellt – geprägt von deren Rhythmus und Regeln ist sie geradezu zauberhaft.

Seit 1913 ist diese Gießerei in Betrieb, und bis heute arbeitet sie mit den traditionellen Techniken: mit alten Formkästen mit Prägestempel. Viele dieser Formen stammen noch aus dem 17. und 18. Jahrhundert.

Die bekanntesten Werke von Valese sind sicherlich die bis in die 1950er Jahre hier gefertigten Preise für die internationalen Filmfestspiele von Venedig, denn die für die Sieger bestimmten Löwen aus silbernem und goldenem Feinblech wurden einst hier nach der Vorlage des venezianischen Professors Soppelsa gefertigt. Die aktuelle Trophäe – viel leichter und »nur« aus vergoldetem oder versilbertem Messing – wird heute andernorts produziert; weil im Laufe der Jahre das Geld für die Preise immer knapper wurde, beschloss die Verwaltung der Filmfestspiele, bei der Qualität zu sparen.

Allerdings werden bei Valese die berühmten goldenen Seepferdchen, eines der wenigen Luxusgüter, mit denen sich die Gondeln schmücken dürfen, gefertigt – wenngleich auch diese nur selten vergoldet sind, sondern aus poliertem Kupfer bestehen. Zu den größten Kunstwerken gehören die Kronleuchter und die Zierstücke nach mythologischen Mustern.

Und nicht vergessen werden dürfen an dieser Stelle die Metallformen, welche man für die Glashütten von Murano fertigt, sowie die traditionellen »musi da porton«, die Türklopfer in Form von Löwenköpfen mit Ring.

Adresse Fonderia Cannaregio Madonna dell'Orto fondamenta Gasparo Contarini 3535, 30121 Venedig, Tel. 0039/41720234 | **Öffnungszeiten** Besichtigung nach Anfrage, info@valese.it | **Vaporetto fermata** Orto, Linie A, 4.1/4.2, 5.1/5.2 | **Tipp** Eine traditionelle Kunstschmiede, die beispielsweise auf die Fertigung von Rahmen für Glasleuchten spezialisiert ist, findet man mit dem Betrieb Fucina de Rossi unweit des Fondamenta Nuove. Und wenn man schon mal in dieser Ecke ist, dann lohnt auch ein Besuch des Ristorante Algiubagio (www.algiubagio.net).

29_Marco Polo

Eine ganz vitale Buchhandlung

Nein, dies wird nicht die x-tausendste Abhandlung darüber, ob Herr Polo nun in China war oder nicht. Aber immerhin sollte erwähnt werden, dass Marco Polo ein streitbarer Zeitgenosse war und das Kommando einer venezianischen Galeere im Seekrieg gegen Genua innehatte, was angesichts seiner Abenteuergeschichten oft in den Hintergrund rückt. Während der Seeschlacht bei Curzola geriet er in genuesische Gefangenschaft und vertrieb sich die Langeweile bis zu seiner Freilassung mit dem Erzählen seiner Erlebnisse.

Die Buchhandlung Marco Polo hat ähnlich viele Geschichten zu erzählen; diese mögen zwar wesentlich weniger abenteuerlich sein, dafür zeugen sie von der Härte der Realität, die nicht minder schwierig zu bewältigen ist als ein Reiseabenteuer. Da wurde der kleinen, kapitalschwachen Buchhandlung doch glatt vom Denkmalschutzamt, das sich um die Schönheit Venedigs sorgt, eine Geldstrafe von 1.000 Euro aufgebrummt, nur weil das Geschäft ohne Genehmigung ein Veranstaltungsplakat in der Größe von zwei DIN-A4-Blättern aufgehängt hatte. Gut, Gesetz ist Gesetz, kann man sagen – aber wo ist die Verhältnismäßigkeit zu den überdimensionierten Werbeplakaten auf den Gerüsten der Brücken und Palazzi? Offenbar hört die Sorge um die Stadtverschandelung bei der Liebe zur gefüllten Stadtkasse auf.

Die Venezianer sind geduldige Menschen und lassen viel über sich ergehen; vor allem, wenn sie dabei selbst geschäftlich nicht zu kurz kommen, können sie sich mit dem »touristischen Fundamentalismus« – wie der venezianische Kollege Tiziano Scarpa vortrefflich sagte – arrangieren. Wenn es zu viel wird, suchen sie neue Wege, wie Marco Polo. Offensichtlich gilt bei dieser Buchhandlung nomen est omen, denn der neue Weg des Geschäftes heißt Gemüse: Einmal wöchentlich (mittwochs) dienen die Geschäftsräume als Auslieferungslager für Bio-Gemüse-Kisten (gut, Tüten) aus San Erasmo! Neue Wege halt …

Adresse Buchhandlung Marco Polo, Cannaregio 5886/A, 30121 Venedig, Tel. 0039/
415226343, www.libreriamarcopolo.com | **Öffnungszeiten** Mo–Do und Sa 9.30–19.30 Uhr,
Fr 9.30–11 Uhr | **Vaporetto fermata** Rialto, Linie A, 1, 2, Nachtlinie N | **Tipp** Weil man
dem Marco Polo seine Geschichten nicht glaubte, bekam er den Spitznamen Messer
Milione – daran erinnert noch heute der Corte del Milion gleich hinter der Chiesa di San
Giovanni Crisostomo in Cannaregio, wo das Wohnhaus Marco Polos stand.

30__ Die Nymphe

Mythologie ist Auslegungssache

Venedig und die Erotik ist ein schier unendliches Thema. Wenn man mit offenen Augen durch die Stadt geht, sieht man an allen Ecken und Enden nicht nur unbekleidete Menschen (meist weiblich), sondern auch ganz unverhohlene Hinweise auf die Lust und die körperliche Liebe – vom Dogenpalast über Kirchen und Museen bis hin zu Hausfassaden sind sie omnipräsent.

Ein Beispiel für eine augenscheinlich frivole Hausdekoration findet man in Cannaregio, wo ein Balkon mit der Darstellung einer von zwei Satyrn »bedrängten« Nymphe verziert ist. Die weibliche Figur wird von Efeu- und Weinblättern umschlungen, was sie als Mänade oder Nymphe ausweist; zudem trägt sie einen Obstkorb auf den Kopf. Die beiden bocksbeinigen Satyrn werden als Kinder dargestellt, die am Busen saugen und zugleich von der Nymphe muttergleich umarmt werden. In den beiden oberen Ecken kann man jeweils ein Kleinkind erkennen.

Die bocksbeinigen Satyrn werden zumeist ithyphallisch und sexuell hemmungslos dargestellt; sprichwörtlich immer »Bock habend« und willens, auch die Grenze zur Vergewaltigung zu überschreiten, wenn ihre Lust nicht befriedigt wird. Nymphen sind zwar prinzipiell niedere Halbgöttinnen, gelten aber (mit wenigen Ausnahmen) bis heute als das Synonym für die weibliche Lust schlechthin.

Doch bei genauem Hinsehen wird man erkennen, dass das hier abgebildete Szenario eben nicht – wie das bei Nymphen und Satyrn gewöhnlich der Fall ist – von übertriebenem Sexualtrieb und orgiastischen Ausschweifungen zeugt, sondern vielmehr von einem Fruchtbarkeitsritual erzählt. Dem Betrachter wird dabei eine gewisse weibliche Dominanz vermittelt; einerseits ist die weibliche Figur mehr als doppelt so groß wie die beiden Satyrn, andererseits hält sie diese wie Säuglinge.

Es handelt sich hier also einmal nicht um ein Stück Salonpornografie, sondern um eine humorvolle Persiflage auf die Sexualität an sich.

Adresse Rio Terrà San Leonardo, Cannaregio 1304, 30121 Venedig (am Balkon im ersten Stock) | **Vaporetto fermata** San Marcuola, Linie 1, Nachtlinie N | **Tipp** Am nahe gelegenen Campo della Maddalena befindet sich die gleichnamige Kirche della Maddalena, die aufgrund ihrer zahlreichen Freimaurersymboliken – wie zum Beispiel das von außen zu erkennende »Auge Gottes« über der Eingangstür – auffällt. Auffallend ist auch die Fassaden-Innschrift »sapietia aedificavit sibi domum« (die Weisheit hat sich ein Haus errichtet), ein Satz, der Gott beinahe hintanstellt und der Kirche eigentlich zu weltlich sein sollte.

31 Der Opferstock

Kampf zwischen Gut und Böse

Venedig ist übersät mit Außenskulpturen und Opferschalen, die hauptsächlich aus dem 9. und 13. Jahrhundert stammen, wobei die Existenz einer solchen »antiken« Opferschale noch nicht bedeutet, dass das Bauwerk aus dieser Epoche stammt, denn zahlreiche dieser alten Stücke wurden in neuere Bauwerke eingearbeitet. Die meisten Skulpturen und Schalen zeugen vom ewigen Kampf zwischen Gut und Böse, so auch der Opferstock in der Kirche Santa Maria Assunta, auf dem zwei Adler, die jeweils nach einem Hasen greifen, abgebildet sind.

Der Adler kann dank doppelter Augenlider als einziger Vogel gegen die Sonne schauen und gilt deshalb als Symbol des geistigen Aufstiegs, da die Sonne mit Christus gleichgestellt wird. Das Ergreifen des Hasens steht für die primären, unkontrollierbaren Körperinstinkte oder für den Kampf zwischen Gut und Böse – wobei es zwei unterschiedliche Deutungen gibt: Der Hase kann als Symbol für die menschliche Seele verstanden werden, die sich vor der Verfolgung durch den Teufel retten will, wobei hier der Adler den Teufel darstellt.

Andererseits kann man den Adler auch als Sinnbild für Jesus Christus interpretieren, in diesem Fall stünde der Hase für die Unreinheit und die Scheu des Bösen vor dem Licht.

Das Ziel ist, sich von allem Bösen zu befreien, was durch die Eucharistie und das Opfer Christi geschehen kann. Hierfür stehen dann (andere) Bildtafeln – wie zum Beispiel die häufige Darstellung eines Pelikans, der das Opfer Jesu symbolisierte, weil man glaubte, dass der Pelikan seinen eigenen Körper opfern würde, um seine Brut zu ernähren (tatsächlich ernährt er sie mit Fischen aus dem Schnabel).

Der Fisch stellt natürlich Christus selbst dar: Im Griechischen heißt Fisch »ichthus«, was den Initialen Ièsous Christos Théou Uios Sôtêr (Jesus Christus, Gottes Sohn, Retter) entspricht.

Adresse Chiesa dei Santa Maria Assunta, I Gesuiti, Campo dei Gesuiti, Cannaregio, 30131 Venedig (Opferstock gleich rechts nach dem Eingang) | **Öffnungszeiten** täglich 10–12 und 16–18 Uhr | **Vaporetto fermata** Fondamenta Nuove, Linie B, 4.1/4.2, 5.1/5.2, 12, 13, 22, Nachtlinie N | **Tipp** Am Seiteneingang der Carmini-Kirche am Campo Santa Margherita in Dorsoduro ist rechts ein schönes Beispiel der unterschiedlichsten in die Wand eingearbeiteten Opferschalen zu sehen.

32 Der Orientale

Wer steht da abseits des Campo?

Der Campo dei Mori liegt etwas abseits der Pfade und ist bekannt für drei steinerne Figuren, welche die Brüder Sandi, Afani und Rioba Mastelli verkörpern. Die drei waren aber keine Orientalen, wie oftmals behauptet wird und wie man anhand des Namens des Campo auch glauben könnte, sondern stammten aus Morea, also vom griechischen Peloponnes. Sie waren reiche Kaufleute, die 1112 nach Venedig kamen und den schräg vis-à-vis gelegenen Palazzo Mastelli erbauten, der aufgrund eines Reliefs, das einen orientalischen Kaufmann samt einem mit Waren beladenen Kamel zeigt, auch Palazzo del Cammello genannt wird. Ihr Reichtum sowie ihre weitreichenden Handelsbeziehungen brachten der Mastelli-Familie schließlich sogar einen Platz im Großen Rat ein.

Die Statue von Rioba Mastelli fällt durch ihre eiserne Nase besonders auf. Lange Zeit glaubte man, dass diese ein Symbol für Reichtum sei, analog zu der bei uns geläufigen »goldenen Nase«, doch in Wirklichkeit ist sie nur ein Ersatz für die ursprüngliche steinerne Nase, welche verloren ging. Der Legende nach wurden die Gebrüder in Folge eines Fluches zu Stein und müssen hier nun ewig als abschreckendes Bespiel für Gier verharren. Dennoch soll es Glück bringen, wenn man an der eisernen Nase reibt.

Den drei Brüdern kann der Campo seinen Namen »dei mori« (Moren) nicht zu verdanken haben. Aber etwas abseits vom Campo befindet sich in einer Hausnische am Fondamenta Mori – gegenüber des Palazzo Mastelli – tatsächlich die Statue eines elegant gewandeten Orientalen mit prächtigem Turban. Lange Zeit wurde behauptet, dass es sich um einen Diener der Mastelli-Brüder handle, doch das ist höchst unwahrscheinlich – wer würde einem Diener schon ein derartiges Denkmal errichten? Bis heute ist daher ungeklärt, wer der geheimnisvolle Orientale wirklich war, was allerlei Freiräume für Spekulationen schaffte … und diese reichen bis zu Marco Polo, dessen Heimat Cannaregio war.

Adresse Fondamenta Mori, Cannaregio 3398, 30121 Venedig | **Vaporetto fermata** Orto, Linie A, 4.1/4.2 und 5.1/5.2 | **Tipp** Rechts oberhalb der Statue des Orientalen verweist eine schlichte Gedenktafel darauf, dass in diesem Haus der berühmte Maler Tintoretto im Jahre 1594 verstarb.

33__ Orsoni
Die Farbenbibliothek

Die Firma Orsoni existiert seit 1888 und ist der letzte Betrieb seiner Art in der Altstadt von Venedig. Ihre ganz großen Verdienste sind einerseits, die alte traditionelle byzantinische Mosaiktechnik zu bewahren und gleichzeitig mit modernen Impulsen den neuzeitlichen Anforderungen gerecht zu werden, andererseits das Bewahren der weitgehend unbekannten Tradition des Murano-Emails. Heute stellt Orsoni vor allem Mosaiksteine aus Glas und Blattgold her.

Bei einer Besichtigung wird viel zu den Arbeitsvorgängen bei der Produktion von Mosaiksteinen erklärt, wobei auffallend viele Produktionsschritte nach wie vor handwerklich geprägt sind: Erster Schritt ist der Schmelztiegel, wo die Rohstoffe zunächst zu einer weißen, matten Masse geschmolzen und danach mittels unterschiedlicher Metalloxide eingefärbt werden. Dann folgt die sogenannte Rullata, in der die einzelnen Glasformen entstehen, die im nächsten Arbeitsschritt langsam und sorgfältig auf Zimmertemperatur abgekühlt werden. Schließlich werden die Platten geschnitten, wobei eine ganz spezielle Säge zum Einsatz kommt, die vom Firmengründer Angelo Orsoni entworfen worden ist.

Da sich die Firma immer direkt mit den Künstlern verbunden sah, will sie seit ihrem Bestehen diesen ein möglichst breites Spektrum an Farbmöglichkeiten zu Verfügung stellen. Deshalb wurde bereits 1889 die Biblioteca del Colore entwickelt, die legendäre Farbenbibliothek. Hierbei handelt es sich um ein Archiv mit über 3.000(!) unterschiedlichsten Farbtönen und Nuancen, wodurch fast jede beliebige Farbenkombination möglich ist.

Tagtäglich verlassen Tausende von Blattgold- und farbigen Email-Mosaiksteinchen das Werk, um irgendwo auf der Welt verarbeitet zu werden. Und so zieren die hübschen bunten Steinchen beispielsweise den Boden der Dresdner Bank in Frankfurt genauso wie die goldene Buddha-Statue in Singapur, wodurch Orsoni zu einem der wichtigsten Vertreter des alten Handwerks wird!

Adresse Calle Vitelli 1045, Cannaregio, 30121 Venedig, Tel. 0039/4124400023, www.orsoni.com | **Öffnungszeiten** Besichtigung nur nach Voranmeldung, info@orsoni.com | **Vaporetto fermata** Guglie, Linie A, 4.1/4.2 und 5.1/5.2 | **Tipp** Ein anderer für seine Farben berühmter Betrieb ist Fortuny mit seinen edelsten Stoffen – die Fabrik bleibt dem neugierigen Besucher aber verborgen, da die Herstellung der Stoffe strengstes Betriebsgeheimnis ist; der Garten ist jedoch zu besichtigen (www.fortuny.com), oder man begibt sich einfach in die Skyroof-Bar des Molino Stucky, Giudecca, 810 – von hier aus ist der Garten auch gut einsehbar!

34__ Der rote vierte Stock

Baron Corvo und die Gondolieri

Anfang des 20. Jahrhunderts zog in den vierten Stock des Palazzo Marcello ein verschrobener Engländer ein. Frederick William Rolfe – besser bekannt unter seinem Pseudonym Baron Corvo – wurde 1860 in London geboren und verließ mit 15 Jahren sein Elternhaus; er versuchte sich unter anderem als katholischer Priesterseminarist. Aus der Karriere wurde nichts, dennoch war er in den Kirchenpomp so verliebt, dass er sich seine Wohnung im Palazzo mit purpurrotem Stoff auskleiden ließ, einem Material, aus dem die Soutanen der Kardinäle gemacht werden.

England hatte er unter anderem deswegen verlassen, weil er wegen seiner Homosexualität in Schwierigkeiten geraten war; im in dieser Hinsicht toleranteren Venedig führte er hingegen ein unstetes Leben, ließ es sich gut gehen und ging mit jungen Gondolieri baden. Obwohl als Schriftsteller eher erfolglos, gelang es ihm, immer wieder Gönner zu finden, von denen er sich aushalten ließ. Der skurrile »Baron« mit dem kurz geschnittenen Haar, dem Kneifer, der Pfeife und der karierten Kappe war stadtbekannt.

Weil er als Schriftsteller dem Hungertod näher war als Ruhm und Reichtum, kam er eines schönen Tages auf die Idee, seine sexuelle Neigung merkantil umzusetzen: So verfasste er schwulen-pornografische Schriften und betätigte sich als Zuhälter, der hübsche Jünglinge an reiche homosexuelle Engländer vermittelte – das Geschäft war einträglich, und fortan musste er weder frieren noch hungern und konnte in rotem Schwulst leben.

Am 25. Oktober 1913 wurde Corvo tot in seiner Wohnung aufgefunden, die in Venedig längst erotisches Klatschthema Nummer eins war. Der Konsul der britannischen Majestät soll dem Vernehmen nach sehr bemüht gewesen sein, den reichhaltigen Nachlass aus pornografischen Fotos, erotischen Zeichnungen, Aufzeichnungen, Notizen und kompromittierenden Adressen eilends verschwinden zu lassen …

Adresse Palazzo Marcello Duchessa di Berry, Canal Grande/Calle Erizzo, Cannaregio 2134, 30121 Venedig | **Öffnungszeiten** Der Palazzo ist nur von außen zu besichtigen. | **Vaporetto fermata** San Marcuola, Linie 1, Nachtlinie N | **Tipp** Leider ist die kardinalsrote Wohnung des Corvo nicht zu besichtigen. Die hier abgebildete »Rote Badewanne« steht nicht in besagtem Palazzo, sondern in der Vineria All'Amarone (Calle dei Sbianchesini, San Polo), wo sie mit Eis befüllt als Kühlung für Prosecco & Co dient. Hier im Amarone gibt es übrigens auch ein exzellentes Carpaccio vom marinierten Angusrind oder aromatische Kanapees mit Pancetta, Wachtelei und Trüffel …

35__ Der Terrazzo veneziano
Recycling für Fortgeschrittene

Im »Langzeitlabor in Sachen Leichtbauweise«, wie Venedig gerne tituliert wird, wurde an allen Ecken und Enden Material gespart, um das Gewicht der Gebäude maximal zu minimieren – und genau das führte zu der erstaunlichen Leichtigkeit der Gebäude, zum Zauber der zum Kanal hin offenen Fassaden. Und natürlich mussten da auch die Böden spezielle Anforderungen erfüllen: Sie hatten wasserdicht zu sein, dazu elastisch und drittens langlebig, denn Umbauten sind in Venedig nachvollziehbar schwierig … und natürlich sollte der Boden auch ästhetischen Ansprüchen genügen. All diese Bedingungen erfüllte der Terrazzo veneziano, der glänzend poliert auch noch das Licht reflektierte und die dunkelsten Räume zu erhellen vermochte. Die Technik des Terrazzo wurde allerdings nicht in Venedig entwickelt, schon im alten Byzanz wurden Ziegel- und Marmorreste auf diese Weise recycelt.

Terrazzo veneziano ist ein wahrer Wunderwerkstoff, der den besonderen klimatischen Umständen der Stadt, die von trocken-heiß über klamm und feucht bis hin zu frostig und sogar klirrend kalt reichen, trotzen konnte. Der vielleicht etwas unprätentiös wirkende Bodenbelag aus kalkgebundenem Marmorbruch (und anderem Gestein) kann in allen möglichen Farbnuancen hergestellt werden und wird frei schwebend verlegt, was das Anpassen an die durch Wasser, Wind und aus dem Boden ausbrechende Gasblasen verursachten Schwankungen ermöglicht. Nur eines ist Terrazzo freilich nicht: rutschfest!

Nur mehr wenige üben dieses alte Handwerk heute noch aus, denn einfacher zu handhabende synthetische Industrieprodukte haben auch hier längst die Tradition verdrängt – der Betrieb von Roberto Patrizio ist einer der letzten Terrazzini. Der Chef erklärt: »Blau ist der teuerste Terrazzo, denn der wird zumeist aus schwedischem Sodalit oder ägyptischem Lapislazuli hergestellt; den leisteten sich nur die reichsten Patrizier und die Prälaten!«

Adresse Patrizio Attilio (S.N.C.), Fondamenta San Giobbe, Cannaregio 683, 30121 Venedig, Tel. 0039/41720023 | **Öffnungszeiten** Die Bottega (Werkstatt) ist zu den üblichen Werktagen geöffnet, aber nur gegen Voranmeldung (oder freundliches Fragen) zu besichtigen. | **Vaporetto fermata** Tre Archi, Linie 5.1/5.2, 22 | **Tipp** Einen Besuch wert ist die nahe gelegene Bar al parlamento (Cannaregio 511), denn der Spritzz al bitter ist ausgezeichnet, und auch die Piadine munden gut – das Beste ist aber die hier herrschende lockere Atmosphäre.

36__Das Venedig-Prinzip

In Stein gehauene Ermahnungen

An zahlreichen Stellen findet man in Venedig Steine, die Ermahnungen und Bekanntmachungen dienten – sie tragen die Überschrift »Il Serenissimo Prencipe Fa' Saper«. Auf diesen Tafeln wurden jeweils Regeln und Vorschriften proklamiert, die zumeist nur für die Region, wo sie aufgestellt waren, galten. Diese Regelungen dienten dem Schutz von Anwohnern, der Reinhaltung der Kanäle und Promenaden, sprachen Verbote des Glücksspielens aus oder enthielten Vorschriften für den Handel und die Fabrikation.

Natürlich fehlte auch das Androhen von teilweise drakonischen Strafen nicht, je nachdem, welcher Inquisitor die Tafel zu verantworten hatte, konnten diese bis hin zum Äußersten reichen. Hier ein Beispiel: »… die gegen die göttlichen Gesetze und die Ehre der Schule selbst verstoßen, bei Strafe für die Zuwiderhandelnden des Gefängnisses, der Auspeitschung, der Galeere, des Prangers und anderem nach der Willkür der Richter … und einem Kopfgeld für den Angeber, der geheim gehalten werden wird, von 200 piccoli aus dem Vermögen des Angeklagten. Denn es ist der gottesfürchtige und entschlossene Wille ihrer Exzellenzen, dass diese Bekanntmachung in allen ihren Teilen vollständig befolgt wird. Die Unfolgsamen werden unwiderruflich bestraft werden …« Man beachte, dass den Anzeigern solcher Straftaten Anonymität zugesichert sowie eine Belohnung versprochen wurde; man kann sich bildhaft vorstellen, in welchem Ausmaß denunziert und verraten wurde.

Derartige Tafeln mit unterschiedlichsten Ermahnungen sieht man im heutigen Venedig auch in moderner Variante, vor allem rund um den Markusplatz. Auch wenn auf diesen in ähnlicher Form darauf hingewiesen wird, was alles unerwünscht ist (vom Eisessen über Lärmen bis hin zum »freien« Urinieren), so sind die heutigen Strafen nicht ganz so drakonisch – mit einigen hundert Euro ist es meist erledigt. Aber: Das Geld fließt heute ausschließlich in die Stadtkasse, ein Denunziant bekommt davon nichts ab!

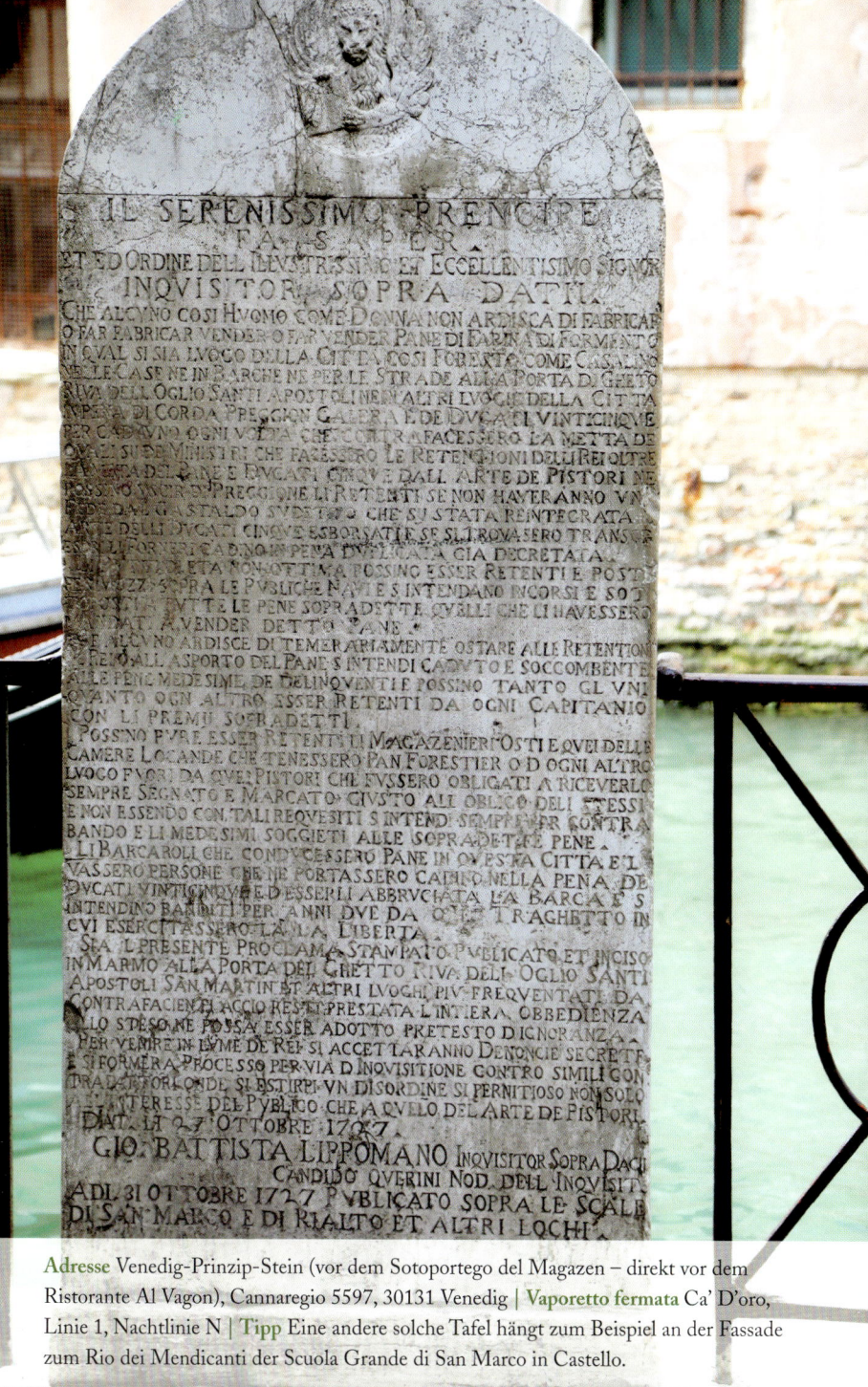

Adresse Venedig-Prinzip-Stein (vor dem Sotoportego del Magazen – direkt vor dem Ristorante Al Vagon), Cannaregio 5597, 30131 Venedig | **Vaporetto fermata** Ca' D'oro, Linie 1, Nachtlinie N | **Tipp** Eine andere solche Tafel hängt zum Beispiel an der Fassade zum Rio dei Mendicanti der Scuola Grande di San Marco in Castello.

37__Die Venus
Eindeutige Avancen?

Richard Wagner verstarb am 13. Februar 1883 im Palazzo Vendramin; an der Mauer zum Hof erinnert eine Gedenktafel daran. Heute kommen die meisten Besucher aber nicht wegen Wagner hierher, sondern um im Casino zu zocken.

Wer das Pech im Spiel meiden und sich mit dem Glück der Liebe befassen will, der möge einen Blick auf die Venus im Hof werfen. Die unbekannte Schöne macht mit kaum mehr zweideutigen Gesten auf ihre weiblichen Attribute aufmerksam, und es scheint, als wolle sie damit an die sexuellen Eskapaden erinnern, die sich hinter diesen Mauern abgespielt haben.

Tatsächlich war der Palast Schauplatz von ungezählten Romanzen, wobei die Affäre des einstigen Hausherren Abate Vettore Grimani Calergi mit der Schauspielerin Anna Maria Santelli in die Annalen eingegangen ist. Die »Campaspe« genannte Dame war nämlich weniger wegen ihrer Schauspielkunst bekannt, sondern vielmehr für ihre Qualitäten als Kurtisane. Als der Geistliche merkte, dass die Dame auch in anderen Betten ihre Liebeskünste auslebte, ließ er rasend vor Eifersucht einen seiner Bravi (Diener, Auftragskiller) auf die Campaspe schießen, als diese sich nach ihrer frivolen Tätigkeit nackt auf der Terrasse zu erholen suchte. Die Campaspe überlebte schwer verletzt, der Abt wurde zu fünf Jahren Dunkelhaft verurteilt, konnte aber mit Hilfe seiner Brüder fliehen und untertauchen.

Auch Richard Wagner war von der Leidenschaft besessen und wurde bis zuletzt von einer nicht zu stillenden sexuellen Begierde nach einer gewissen Carrie Pringle munter gehalten. Vor seinem Tod schrieb Wagner an einer wenig bekannten theoretischen Abhandlung über die Erotik. Angeblich legte er nach dem Satz »Gleichwohl geht der Prozess der Emanzipation des Weibes nur unter ekstatischen Zuckungen vor sich. Liebe – Tragik« die Feder für immer aus der Hand … Der Arzt diagnostizierte später »Herzanfall aufgrund einer Ekstase«!

Adresse Palazzo Vendramin Calergi, Cannaregio 2040, 30121 Venedig | **Vaporetto fermata** San Marcuola, Linie 1, Nachtlinie N | **Tipp** Die Räume, welche von Richard Wagner und seiner Familie im Palazzo Vendramin bewohnt wurden, sind von der venezianischen Richard-Wagner-Gesellschaft hergerichtet worden und können besichtigt werden.

38__ Die Altkleidersammlung

Secondhand in heiligen Mauern

Antik- und/oder Flohmärkte im engeren Sinne – also solche, bei denen vorwiegend Privatleute ein gemischtes Sortiment aus alten Gebrauchsgegenständen, Büchern oder Kleidung anbieten – gibt es in Venedigs Altstadt nicht; auch hier bestätigt eine Ausnahme die Regel, denn in Cannaregio nahe der Kirche Santa Maria dei Miracoli wird auf dem Campo Santa Maria Nova ein solcher abgehalten (übrigens ein sehr schöner und illustrer Flohmarkt, dem man durchaus etwas Beachtung schenken darf). Abgesehen von dieser Ausnahme sind die meisten Märkte, welche auf den ersten Blick einem Flohmarkt ähnlich sind, mehr oder weniger Antikmärkte mit vorwiegend professionellen Händlern, die zumeist von der Stadt Venedig organisiert werden. Da gibt es zum Beispiel in Castello den Mercatino delle Robe da Mar, auf dem, wie der Name schon sagt, vor allem Gegenstände für die Seefahrt, das Segeln oder die Fischerei den Mittelpunkt des Warenangebots bilden oder den etwas pathetisch klingenden Mercatino Polvere di Ricordi, was so viel heißt wie »Markt des Staubes der Erinnerung« – das Warenangebot ist entsprechend.

Wenn man alte Kleider oder Alltagsgegenstände loswerden will und nicht auf eine der seltenen Gelegenheiten eines Flohmarktes warten möchte, gibt es eine Alternative – und die findet man im Gebäude der Chiesa di San Martino (der Martinskult wird übrigens rund um diese Pfarrei gefeiert, hat aber ansonsten in Venedig weit weniger Bedeutung als in Österreich oder Deutschland). Interessant ist die Tür rechts vom Hauptportal, denn bei einem Blick ins Innere glaubt man, tatsächlich einen Flohmarkt vor sich zu haben. So etwas Ähnliches ist es auch: Es handelt sich hierbei um eine Art Secondhand-Shop, der nicht mehr passende Kleidung, ausgemusterte Alltagsgegenstände und Bücher ankauft und anschließend im Laden weiterverkauft – der Reinerlös dieser »Mantelteilung« kommt dann karitativen Zwecken zugute.

Adresse Chiesa di San Martino, Campo S. Martin (Fondamenta di Fronte), Castello 2298, 30122 Venezia | **Öffnungszeiten** Mo–Sa 8.45–11.45 und 16.30–19.30 Uhr, So 8–12 Uhr | **Vaporetto fermata** Arsenale, Linie B, 1, 4.1/4.2 | **Tipp** Zwischen Mai und Weihnachten verwandelt sich die Kapelle Santa Reparata in der Kirche Santi Geremia e Lucia im Stadtteil Cannaregio in ein kleines Geschäft für echtes Muranoglas (Geschäftszeiten jeweils 10–14 und 16–19 Uhr); eine sehenswerte Kuriosität abseits der Touristenpfade.

39__Die Cathedra Petri
Geheimnisvoller Bischofsstuhl

Die Insel San Pietro di Castello mit der gleichnamigen Basilika wurde früher »Isola Olivolo« genannt, weil sie die Form einer Olive hat und hier einst tatsächlich Oliven angebaut worden sein sollen. 1451 wurde die Insel zum Sitz des Patriarchen von Venedig, bis ihr unter Napoleon San Marco den Rang ablief. Über viele Jahrhunderte hinweg war San Pietro das Zentrum des venezianischen Klerus.

Heute kommt kaum »Laufkundschaft« her, obwohl es einen sehr triftigen Grund für einen Besuch gäbe: die Cathedra Petri nämlich, jenen sagenumwobenen und geheimnisvollen Bischofsstuhl des heiligen Petrus. Der Legende nach hat der Apostel Petrus im Jahre 34 nach Christus in Antiochia (heute das türkische Antakya) das gleichnamige Patriarchat gegründet, und diese Cathedra soll sein Bischofsstuhl gewesen sein – mehr noch, denn Überlieferungen zufolge sollen die Kreuzfahrer den Heiligen Gral in ihm verborgen haben.

Das eigentlich Interessante und bis heute nicht geklärte Phänomen des Sessels ist seine Lehne. Diese ist mit arabischen Schriftzeichen aus dem Koran und einem sechszackigen Stern verziert, was darauf hindeutet, dass es sich bei der Lehne um eine muslimische Grabstele aus dem 13. Jahrhundert handelt, was für einen Bischofsstuhl ausgesprochen ungewöhnlich wäre.

Das seit der Judenverfolgung stigmatisierte Hexagramm kommt ursprünglich auch im Christentum und sogar im Islam vor. Was vor allem Juden und Moslems heute gleichermaßen nur wenig bekannt sein dürfte, ist der Umstand, dass dieser als »Siegel Salomons« bezeichnete Stern beiden – jüdischen wie arabischen Kulturkreisen – als Siegelabdruck zur Vertreibung böser Geister und Dämonen diente und aufgrund seiner Form das Symbol für duale Harmonie war.

Unwichtig eigentlich, was hier Fakt oder Fabel ist … viel wichtiger wäre es, die Cathedra als Symbol für Harmonie und Frieden zu sehen.

Adresse Basilika San Pietro di Castello (die Cathedra befindet sich an der rechten Seite vom Eingang), Campo San Pietro, Insel San Pietro di Castello 2787, 30122 Venedig, Tel. 0039/ 412750462 | **Öffnungszeiten** Mo – Sa 10 – 17 Uhr | **Vaporetto fermata** San Pietro, Linie 4.1/4.2 und 5.1/5.2 | **Tipp** Vis-à-vis der Insel befindet sich am Campo Ruga der niedrigste Sotoportego (Fußweg, der unter einem Gebäude hindurchführt) der Stadt. Sehr interessant ist auch das in der Nähe gelegene Haus in Campazzo de l'Erba 394, denn es weist eine architektonische Besonderheit auf: die verschiedenen nebeneinanderliegenden Wohnungen werden durch einen Außenbalkon miteinander verbunden – das diente im 19. Jahrhundert dazu, den Wohn- und Arbeitsbereich miteinander zu vereinen, wodurch die Effizienz gesteigert werden konnte und die Arbeiter die Möglichkeit von flexibleren Arbeitszeiten bekamen.

40__ Die Cicchetti

Inkarnation der Sardine

Cicchetti sind typische Imbisse und Kleingerichte der venezianischen Bars. Es handelt sich bei ihnen um den spanischen Tapas nicht unähnliche Spezialitäten, die in kleinen Portionen zu einem Glas Ombra (siehe Seite 168), einem Aperitivo oder einem Glas Bier genossen werden. Zumeist werden Fische, Meeresfrüchte oder Gemüse frittiert, gegrillt oder gekocht und mit Zahnstochern oder auf Spieße aufgesteckt als Fingerfood angeboten – auch kleine Panini oder Sandwiches dürfen als Cicchetti dienen.

Venezianer nehmen ihre Cicchetti fast ausschließlich in den Vormittagsstunden ein oder als Appetithappen zu alkoholischen Getränken – selten als eigenständige Mahlzeit.

Neben dem »Baccalà mantecato« (siehe Seite 110) sind die »Sarde in saòr« der vielleicht beste Cicchetto überhaupt und für so manchen Genießer die Inkarnation der Sardine schlechthin. Saòr ist der venezianische Begriff für »sapore«, was Genuss, Geschmack oder Gewürz bedeutet – und all das trifft auf keinen Cicchetto in dem Maße zu wie eben auf die »Sarde in saòr«.

Ursprünglich geht das Gericht auf die Seefahrertradition Venedigs zurück, denn der saòr – eine Marinade aus Essig, Öl, Zwiebeln und eventuell Kräutern – machte Fische und Meeresfrüchte haltbar und stellte die Versorgung der Seeleute mit Eiweiß und Vitaminen sicher. In der Tat litten venezianische Matrosen und Seefahrer nie an Skorbut!

Die Technik des Marinierens zwecks Konservierung stammt ursprünglich aus dem arabischen Raum, wahrscheinlich aus Persien. Über Byzanz, zu dessen Reich Venedig ja viele Jahrhunderte gehörte, ist diese Zubereitungsform dann in die Lagunenstadt gelangt. Und nach altem byzantinischen Brauch werden die Sarde in saòr – insbesondere zur kalten Jahreszeit – mit Rosinen und Pinienkernen verfeinert, was ihnen nicht nur den typischen süß-sauren Geschmack verleiht, sondern aus dem volkstümlichen Gericht eine wahre Delikatesse macht.

Adresse Bacarando ai Corazzieri, Salizada del Pignater, Castello 3839, 30100 Venedig, Tel. 0039/415289859 | **Öffnungszeiten** täglich 10.30–24 Uhr | **Vaporetto fermata** Arsenale, Linie B, 1, 4.1/4.2 | **Tipp** Exzellente und variantenreiche Cicchetti (auch mit Delikatessen wie Nervetti, Kutteln, Milz, Musetto, Schnecken & Co) bekommt man in der Cicchetteria, welche dem Ristorante Da Fiore angeschlossen ist (Calle delle Botthege). Wer es urig und authentisch mag, begebe sich nach Rialto in die Cantina do Mori (San Polo 429), ins Do Spade (http://cantinadospade.com) oder in die Osteria al Diavolo e l'Acquasanta (San Polo 561/B).

41___Das Colleoni-Denkmal
Treffpunkt der Liebenden

»Schon um sieben Uhr nahm ich am Standbild des Helden Colleoni Aufstellung. Genau um acht sah ich eine zweirudrige Gondel anlegen und eine maskierte Gestalt aussteigen … Ohne ein einziges Wort zu wechseln, gingen wir auf den Markusplatz zu … und betraten das Haus, das nur hundert Schritte vom Theater San Moisè entfernt lag«, berichtete Casanova in seinen Memoiren. Treffpunkt mit seiner Geliebten Nonne aus Murano (siehe Seite 20) war also das Colleoni-Denkmal, die Verkörperung des Condottiere der Renaissance, des politischen und militärischen Abenteurers, den weder verschärfte Kerkerhaft noch Kriegswirren brechen konnten.

Casanova hatte allerdings keinen Blick für den Eroberer der Terraferma (Bezeichnung für die Gebiete im östlichen Oberitalien, die von Venedig seit dem 15. Jahrhundert unterworfen waren) übrig. Er war mit seinen Gedanken bereits im Casino und bei Aretinos Ex Libris (siehe Seite 190): »… habe ich hier ein kleines Buch … die Stellungen von Pietro Aretino. Ich möchte in den nächsten drei Stunden einige davon ausprobieren.«

Die Reiterstatue des Colleoni steht übrigens nicht zufällig hier am Campo vor der Chiesa Santi Giovanni e Paolo, auf Venezianisch kurz Zanipolo genannt. Colleoni hatte die Stadt Venedig als seine Erbin eingesetzt, allerdings mit der Auflage, dass er ein Standbild vor San Marco bekäme. Die Venezianer, welche jede Art von Personenkult ablehnten, fanden an dieser Idee wenig Gefallen, wollten aber andererseits auch nur ungern auf das beträchtliche Vermögen verzichten. Clevere »avvocati« fanden eine trickreiche Lösung: Sie legten die testamentarische Bestimmung so aus, dass der Condottiere nicht die Basilika San Marco, sondern die Scuola di San Marco, also die Bruderschaft, welche sich neben Zanipolo befindet, gemeint haben müsse. So wurde die Statue »auflagenkonform« am heutigen Patz aufgestellt, und die Stadt konnte das »rechtmäßige« Erbe antreten.

Adresse Campo Santi Giovanni e Paolo, Castello, 30122 Venedig | **Vaporetto fermata** Ospedale, Linie B, 4.1/4.2, 5.1/5.2, 22 | **Tipp** Die Reiterstatue des Bartolomeo Colleoni wurde in einer Gießerei gefertigt, die sich nahe dem Palazzo Rizzo-Patarol befand. Dem Pferd verdankt der heutige Corte Cavallo seinen Namen. Im Palazzo Rizzo-Patarol (heute das Hotel dei Doge) verbirgt sich unter dem bepflanzten Hügel ein historischer Eiskeller.

42__ Die Drehtür

Unerwünschte Kinder

In der Calle della Pietà, wo einst das gleichnamige Kloster stand, erinnern zwei Relikte an den Umstand, dass sich hier einst eine Kinderkrippe befand, wo man »ruhigen Gewissens seine unerwünschten Kinder aussetzen konnte«, aber gleichzeitig gemahnt wurde, dass man dies nur im Falle äußerster Not machen dürfe.

An der Seitenwand der heutigen Kirche della Pietà hängt ein außergewöhnliches Schild, demzufolge es strengstens verboten ist, Kinder auszusetzen, wenn die Eltern ausreichend Geldmittel zur Verfügung haben, um diese selbst aufzuziehen. Wer sich an dieses Gebot nicht halte, werde, laut der Androhung auf besagter Tafel, »verdammt und exkommuniziert«. Diese Bulle von Papst Paul III. stammt vom 12. November 1548 und hing ursprünglich auf der anderen Straßenseite – aus gutem Grund.

Gegenüber, am Anfang der Calle della Pietà, kann man eine kleine Drehtür ausmachen, die heute zum Hotel Metropole gehört. Früher diente diese sogenannte »Drehtür der Unschuldigen« als eine Art »Babyklappe«, allerdings sind nur Reste der ursprünglichen Konstruktion erhalten.

Papst Innozenz III. (1160–1216) institutionalisierte diese Praxis der klösterlichen Kinderkrippen, woraufhin überall in Europa »Drehtüren der Unschuldigen« geschaffen wurden. So war es Eltern, die keinen anderen Ausweg sahen, möglich, hier anonym ihre Kinder abzugeben. Die Türen bestanden aus einer von außen zugänglichen Wiege, in die das Kind gelegt werden konnte. Mit einer Glocke wurden dann die Nonnen informiert, die an der Tür drehten und das Baby in die Obhut des Klosters aufnahmen. Außen befand sich noch ein Gitter, dessen Durchlass nur die Abgabe von Babys zuließ.

Diese Art von Kinderkrippen wurde im Laufe des 19. Jahrhunderts abgeschafft, ist aber aufgrund einer immer größeren Anzahl von ausgesetzten Babys seit Ende des vergangenen Jahrhunderts fast überall in Europa wieder im Einsatz.

Adresse Calle della Pietà, Castello, 30122 Venedig (die Drehtür ist rechts beim Hotel Metropole, die Tafel links an der Wand der Kirche della Pietà) | **Vaporetto fermata** San Zaccaria, Linie B, 1, 2, 4.1/4.2, 5.1/5.2, 14, 15, 19, 20, Nachtlinie N | **Tipp** Die Kirche La Pietà hat die Besonderheit, dass sie als Konzertsaal entworfen wurde, weil hier ursprünglich junge Waisenmädchen des Klosters aufgetreten sind – noch heute kann man die schmiedeeisernen Gitter an den beiden Seitenwänden der Kirche sehen, wo die Mädchen saßen. Vivaldi ist entgegen üblicher Legenden nie hier aufgetreten, da die heutige Kirche zu seinem Todeszeitpunkt noch nicht einmal erbaut war – er hat in der ehemaligen Kirche della Pietà gespielt, von der aber nurmehr zwei Säulen erhalten sind, welche rechts, am Ende der Eingangshalle des Hotel Metropole, zu sehen sind.

43___ Der Garnier-Elefant

Tödlicher Kirchgang

Wenn man auf der Suche nach venezianischen Kuriositäten ist, so wird man vor allem in den umfangreichen Archiven der Stadt fündig. Eines der bemerkenswertesten Ereignisse dieser Art hat sich während der Karnevalssaison 1818/19 (man beachte die ausgedehnte Zeitspanne der Feierlichkeiten) zugetragen.

Im Zuge der allgemeinen Lustbarkeiten wurde einer der sogenannten Garnier-Elefanten in die Serenissima gebracht. Zu den zahlreichen karnevalistischen Attraktionen zählte weiter eine Flottenparade, die besonders kernige Artilleriesalven abfeuerte, welche nicht nur beträchtliche Schäden an Fassaden und Kaminen verursachten, sondern zu allem Übel auch den Elefantenbullen derart reizten, dass er seine Menagerie zertrümmerte und schreckliche Verwüstungen anrichtete. Zwar schaffte man es noch, das Tier in ein Lagerhaus einzuschließen, doch bei dem Versuch, den Elefanten mit Futter zu beruhigen, wurde ein Aufseher zu Tode getrampelt.

Schließlich gelang es dem Elefanten, erneut auszubrechen. Er rannte in Richtung Ca' di Dio, wo er sich zunächst an einem Obststand labte. Danach wandte er sich Richtung Calle del Dose, trabte über den Campo della Bragora und landete schlussendlich in der Kirche Sant'Antonin. Das alles geschah unter nutzlosen Gewehrsalven der nicht minder aufgebrachten Venezianer, die dem Dickhäuter aber nichts anhaben konnten.

Leider fand der in der Kirche verschanzte Elefant nicht den erhofften himmlischen Beistand. Die Venezianer bohrten durch die Mauer ein großes Loch und schossen zweimal mit einer Kanone auf das Tier, das tödlich getroffen in »un lago di sangue« zusammenbrach. Geschäftstüchtig, wie die Venezianer nun einmal sind, wurde der Kadaver nicht einfach verscharrt, sondern für 800 Florin an das Naturalienkabinett der Universität von Padua verkauft, wo er hundert Jahre ausgestopft dastand, bis er von Motten zerfressen entsorgt wurde.

Adresse Kirche Sant'Antonin, Campo Sant'Antonin, Castello, 30122 Venedig (Da die Kirche Sant'Antonin, in der Karte Punkt 43a, selbst keine wirkliche Sehenswürdigkeit ist, wurde hier als Foto die seltene Darstellung eines Erzengels, wahrscheinlich handelt es sich um Michael oder Raphael, mit einem Elefanten ausgewählt. Sie steht in einem Innenhof der neuen Prokuratien, in der Karte Punkt 43b, bemerkenswerterweise am Weg zur Erste-Hilfe-Station) | **Vaporetto fermata** Arsenale, Linie B, 1, 4.1/4.2 | **Tipp** Interessant ist auch das Nashorn-Mosaik im Markusdom, denn es erinnert ebenfalls an eine tödliche Zurschau-stellung – allerdings wurde das Nashorn nicht getötet, sondern kam während der Überfahrt in einem Seesturm ums Leben.

44 __ Die Geheimbotschaft

Ein politisch motiviertes Brückengeländer

Als »Risorgimento« (Wiedererstehung) bezeichnen die Italiener sowohl die geschichtliche Epoche zwischen 1815 und 1870 als auch die politischen Bewegungen, die nach dem Wiener Kongress 1814/1815 einen unabhängigen Nationalstaat Italien anstrebten. Nach dem Wiener Kongress war das Königreich Sardinien der letzte unabhängige italienische Staat. Da mit fortschreitender Beseitigung der napoleonischen Veränderungen der Wunsch nach nationaler Einheit wuchs, kam es vor allem 1848 zu Aufständen gegen die ausländische Herrschaft – hierbei übernahm das Königreich Sardinien eine Führungsrolle, da es noch eine einheimische Dynastie hatte. 1848 erfolgte unter Führung von König Emanuel II. von Sardinien der erste Angriff auf das von Österreich beherrschte Lombardo-Venetien; der Aufstand wurde jedoch niedergeschlagen.

Nach weiteren revolutionären Erhebungen und den Italienischen Unabhängigkeitskriegen konnte sich 1861 das Königreich Italien endlich als konstitutionelle Monarchie unter dem Einfluss des Königreichs Sardinien durchsetzen; am 17. März 1861 erfolgte die Proklamation des Königs von Sardinien Viktor Emanuel II. zum König von Italien. Venedig blieb allerdings unter österreichischer Herrschaft (siehe Seite 226) und kam erst nach der österreichischen Niederlage gegen Preußen im Deutschen Krieg 1866 zum neuen italienischen Königreich.

Zur Zeit der österreichischen Herrschaft waren politisches Engagement und kritische Meinungsäußerungen gefährlich, weil es in der Stadt von österreichischer Geheimpolizei nur so wimmelte. Aus diesem Grund griff man auf geheime und verschlüsselte Botschaften zurück – wie dieses Brückengeländer verdeutlicht: Auf den ersten Blick wirken die schmiedeeisernen Formen wie Herzen, aber bei genauerer Betrachtung wird man die Buchstaben »V V E« entziffern, die für »Viva Vittorio Emanuele« (Es lebe Vittorio Emanuele) stehen.

Adresse Ponte de Borgoloco, Calle Borgoloco, Castello, 30122 Venedig | **Vaporetto fermata** Ospedale, Linie B, 4.1/4.2, 5.1/5.2, 22 | **Tipp** Der hinter der Brücke befindliche Borgoloco hat seinen Namen vom venezianischen Satz »tegnir uno a loco e foco«, was so viel bedeutet wie jemanden beherbergen. Der Borgoloco war also ein Stadtteil, in dem sich zahlreiche Gästezimmer und Herbergen befanden.

45_ Die Karnevalsmasken

Verräterische Masken der Wahrheit

Da heutzutage die meisten in Venedig gehandelten Masken aus China stammen, findet man autochthone venezianische Masken nur mehr höchst selten. Hier bei Stefano Gottardo werden sie noch per Hand gefertigt, die edlen Stücke, hinter denen sich auch die verloren gegangene Symbolik des venezianischen Karnevals zu verstecken scheint.

Die Masken selbst haben ihren Ursprung in der Antike, als man die Gesichter der Toten mit Masken abgedeckt hat und somit Tod und Wiedergeburt symbolisieren wollte. Im Laufe ihrer Geschichte war die Menschheit ständig zwischen einem besseren und geistigen Leben und den sogenannten niederen Instinkten hin- und hergerissen – salopp als der Kampf zwischen Gut und Böse bagatellisiert.

Diese Zerrissenheit ist auch der Hintergrund des venezianischen Karnevals, der im ständigen Kampf zwischen Gut und Böse die Macht des Bösen kanalisierte und sie so für einen bestimmten Zeitrahmen und in einem festgesetzten Kontext sichtbar machte.

Aus diesem Grund sind die echten venezianischen Masken nicht schrill, bunt und pittoresk, sondern meist sehr hässlich, komisch und zuweilen surreal – sie sollten ja schließlich die niederen Instinkte verkörpern. Nach dieser Auffassung verstecken sich die Venezianer nicht hinter den Masken, sondern geben in Wirklichkeit die wahre Identität der in ihnen wohnenden dunklen, unheilvollen Mächte preis.

Im 18. Jahrhundert dauerte der Karneval in Venedig mehrere Monate, wodurch das lasterhafte Leben zum fixen Bestandteil des Alltags wurde und die eigentliche Bedeutung des Festes verloren ging – ein Zeichen für die Dekadenz des damaligen Venedig. Seit 1978 wird der Karneval touristisch genutzt, und die modernen Kostüme sind aus künstlerischer Sichtweise prachtvoll – mit der Tradition verbindet sie aber nur wenig. Und so ist der Karneval in Venedig heute das, was er überall ist: Fasching halt!

Adresse Laboratorio di artigianato artistico, Calle Lunga S. Maria Formosa, Castello 5174/b, 30122 Venezia, Tel. 0039/415229995, papiermache@papiermache.it | **Vaporetto fermata** Ospedale, Linie B, 4.1/4.2, 5.1/5.2, 22 | **Tipp** Zu einem echten Karnevalskostüm gehören auch der dreizackige Hut und ein (vorzugsweise schwarzer) Überwurf. In der schier endlosen Auswahl an historischen und modernen Kostümen des Kostüm- und Maskenbildners Stefano wird man fündig – zum Ausleihen und Kaufen; allerdings können die Kostbarkeiten leicht 4.000 Euro kosten … und mehr, je nach Ausstattung (www.nicolao.com).

46__Der Lagerraum

Hatte der heilige Markus hier eine Vision?

Die kleine, heute als Lagerraum genutzte »Cappella della Visione di San Marco« (Kapelle der Vision des heiligen Markus) ist der Ort, wo der Legende nach der heilige Markus auf seiner Rückkehr aus Aquileia – andere Legenden berichten, während der Hinreise – von einem Gewitter überrascht wurde und Schutz suchen musste. Ein Engel kam und sagte: »Der Friede sei mit dir, Markus, mein Evangelist.« Das »pax tibi Marce Evangelista meus« wurde von Venedig vielfach übernommen. Der Engel sprach weiter: »Fürchte dich nicht, viel musst du noch erleiden. Nach dem Tod wird hier eine Stadt entstehen, wo dein Körper ewige Ruhe finden wird und deren Schutzpatron du sein wirst!« Wieder in Rom, erzählte Markus seinem Lehrer Petrus von der Vision und bat ihn, Hermagora zum Bischof von Aquileia zu machen, da dieser seiner Vision beiwohnte.

Die Vision ist ein Meilenstein in der Geschichte der legendären Stadtgründung Venedigs, denn sie diente den Venezianern dazu, ihre politische und religiöse Vorherrschaft gegenüber Aquileia und Grado zu sichern.

Um seine Machtposition zu festigen, stahl Venedig 828 die Gebeine des heiligen Markus aus Alexandrien. Die Reliquie war von großem Interesse, weil sie Venedig erlaubte, sich von der Herrschaft der römischen Kaiser zu befreien und so die Unabhängigkeit seiner Kirche durchzusetzen.

Der wahre Hintergrund war aber der Machtkampf um die Gerichtsbarkeit; Aquileia hatte 827 – also nur ein Jahr vor Auftauchen der Legende und dem Reliquien-Raub – diesbezüglich den »Zuschlag« bekommen, weil es damit argumentierte, dass ja der heilige Markus in Aquileia gepredigt habe. Mit der Visions-Legende – insbesondere mit der Version, in welcher sich der heilige Markus auf der Hinreise nach Aquiliea befunden habe, was bedeutete, dass er dort noch gar nicht gepredigt hatte – und dem Raub der Reliquien verschoben sich die Machtverhältnisse zugunsten Venedigs.

HEIC
REQVIEYIT · CORPVS
B · MARCI · EVANG.

Adresse Innenhof des »Patronats« der Kirche San Francesco della Vigna, Campo San Francesco della Vigna, Castello 2786, 30122 Venedig, Tel. 0039/415206102 | **Öffnungszeiten** Besichtigung während der Öffnungszeiten der Kirche auf Anfrage, täglich 8–12.30 und 15–18 Uhr | **Vaporetto fermata** Celestia, Linie 4.1/4.2 und 5.1/5.2 | **Tipp** Das Kloster San Francesco della Vigna verfügt auch über einen ganz außergewöhnlichen Gemüse- und Weingarten; die Weinstöcke sind es auch, die dem Kloster ihren Namen gaben (von »vigna« = Weinrebe). Der Garten ist während der Öffnungszeiten (täglich 8–12 und 15–19 Uhr) nach freundlicher Anfrage zu besichtigen.

47__Maria lactans
Das Stillen in der Bildsprache

Venedig war einst eine Hochburg für künstlerische Darstellungen der sogenannten Maria lactans, der stillenden Muttergottes. In der bildenden Kunst war es über Jahrhunderte hinweg selbstverständlich, eine Stillende darzustellen.

Dieses besondere Bildmotiv tauchte bereits im alten Ägypten auf, wo die Göttin Isis dem Horusknaben die Brust gibt; ein Symbol für Fruchtbarkeit. Der Bildtypus einer Maria lactans entstand im byzantinischen Reich um das 14. Jahrhundert, hatte aber eine andere Bedeutung: Das Kind steht hier für Gott, der über die Brust der Mutter mit der Menschheit in Verbindung tritt – der Akt des Stillens ist somit auch als Zeichen für die Menschlichkeit der Christusfigur zu verstehen.

Darstellungen der Maria lactans waren vor allem im Mittelalter ein typisches Thema, das insbesondere von den Zisterziensern aufgegriffen wurde. Die Mutterbrust-Symbolik wurde im Christentum als Zeichen des Erbarmens interpretiert; einige Bilder zeigen die sogenannte Schutzmantel-Madonna, die – um den Groll Gottes von den Menschen abzuwenden – auf ihre entblößte Brust verweist, mit der sie Christus gestillt hat. Nicht selten dienten derartige Motive als Gnadenbilder für Wallfahrtsziele für »weibliche Anliegen«.

Die Stillende muss dabei aber nicht immer Maria sein, manche Künstler stellten das Motiv als Sinnbild für Mutterschaft allgemein dar. Späte Darstellungen des 19. und 20. Jahrhunderts – egal, ob es sich dabei um Maria und Jesus oder einfach um Mutter und Kind handelt – haben einen stark ikonografischen Charakter und werden in der Neuzeit von Verfechtern des Stillens durch die Mutter bemüht. Eine weitgehend unbekannte, aber original erhaltene Maria lactans findet man in einer dunklen Seitenkapelle von San Francesco della Vigna – das bemerkenswerte Kunstwerk wird leider oft übersehen, weil man erst eine Münze in einen Automaten einwerfen muss, um es zu erleuchten.

Adresse San Francesco della Vigna, Ramo al Ponte San Francesco della Vigna, Castello, 30122 Venedig | **Vaporetto fermata** Celestia, Linie 4.1/4.2, 5.1/5.2 | **Tipp** Auch auf dem berühmten Gemälde »Gewitter« von Giorgione, das in der Gallerie dell'Accademia hängt, ist eine Stillende abgebildet – in diesem Fall aber (fast) ganz entblößt. Das Bild ist ein typisches Beispiel für die venezianische Malerei, welche besonders viel Wert auf Stimmungen legte, und es ist ein Bild voller Geheimnisse, die es in einer sinnlich-erotischen Welt zu entdecken gibt.

48__ Die Marmor-Fliese

Werkzeuge erzählen Arbeitergeschichte

Im Fußboden der Kirche San Martino sind auf einer Fliese die verschiedenen Werkzeuge der Werftarbeiter eingraviert, denn die sogenannten Kalfater-Arbeiter besaßen hier einen Altar (den zweiten auf der rechten Seite).

Zusammen mit den Pech-Arbeitern waren sie in der Werft dafür zuständig, dass die Räume zwischen den Schiffsplanken abgedichtet waren – zuerst wurde mit Kalfateisen und -hammer Werg (bei der Verarbeitung von Hanf und Flachs abfallende minderwertige Fasern) in die Nähte der Schiffswand geschlagen, danach diese mit Pech verschlossen. Beide Arbeitergruppen waren privilegiert, vom Wehrdienst befreit und durften auch privat beim Bau von Handelsschiffen dazuverdienen.

Wenn man über die Via Garibaldi geht, wird man bei näherem Betrachten im Schaufenster der Nummer 1791 alte Werkzeuge und Schiffsmodelle sehen. Hier war der Sitz der »Società di Mutuo Soccorso fra Carpentieri e Calafati«, also der »Gemeinschaft der gegenseitigen Hilfe der Zimmerleute und der Kalfater-Arbeiter«. Im Inneren werden Werkzeuge und Gegenstände der Werftarbeiter aufbewahrt. Das wertvollste Stück ist wohl die »Mariegola«, das Register und die Satzung der traditionsreichen Gemeinschaft, welche die wahrscheinlich älteste ihrer Art in Venedig ist. Sie wurde 1867 gegründet und war so etwas wie eine Arbeiter-Genossenschaft, deren Mitglieder in einen Fonds zahlten, der als gegenseitige Krankenkasse verwendet wurde.

Heute steht die Gemeinschaft allen venezianischen Bürgern offen, wobei die gegenseitige Krankenversicherung auf der Aufteilung der von Mitgliedern durch einen jährlichen Mitgliedsbeitrag zur Verfügung gestellten Mittel basiert. Handwerker aus den verschiedensten Zünften – vor allem von Handwerksberufen, die vom Aussterben bedroht sind – sind Mitglied dieser Gemeinschaft, was sie mehr oder weniger zum Bewahrer des alten Gewerbes macht.

Adresse Kirche San Martino, Campo San Martino, Castello 2298c, 30122 Venedig, Tel. 0039/415230487 | **Öffnungszeiten** Mo–Sa 8.45–11.45 und 16.30–19.30 Uhr, So 8–12 Uhr (wenn Genossenschaft: nur gegen Voranmeldung) | **Vaporetto fermata** Arsenale, Linie 1, 4.1/4.2, Nachtlinie N | **Tipp** Die Schiffsarbeiter waren eine Art Handwerker-Elite und stolz darauf, der Schiffs- und Seemacht Venedig dienen zu dürfen; gleichzeitig waren sie in vielerlei Hinsicht privilegiert, so wohnten sie in kostenlosen Unterkünften in der Nähe des Arsenals. Ein Relikt der alten Arbeiterwohnungen sieht man im Rio delle Gorne beim Fondamenta dei Penini – hier befindet sich eine Inschrift zwischen Nummer 2445 und 2446, die auf einen »seghe« (Sägemeister) und »calafati« (Kalfater-Arbeiter) verweist.

49 Pompeo Giustiniani

Die verdeckte rechte Seite

In der kurz Zanipolo genannten Basilika San Giovanni e Paolo haben viele Dogen, Feldherren und Honoratioren Venedigs ihre letzte Ruhe gefunden oder werden in der einen oder anderen Form geehrt. So auch ein gewisser Pompeo Giustiniani, der zwar hier nicht begraben liegt, dessen prachtvolles Reitermonument aber eine Seite des Kirchenschiffs ziert. Das wäre an sich ja nicht weiter ungewöhnlich. Aber bei näherem Hinsehen wird ein interessantes Detail deutlich; der Statue Giustinianis fehlt der rechte Arm. Doch das Kunstwerk ist weder beschädigt, noch hat ein Bildhauer unsauber gearbeitet.

Pompeo Giustiniani wurde 1560 in Ajaccio auf Korsika geboren, übrigens in der gleichen Stadt wie einige Jahrhunderte später auch Napoleon Bonaparte. Er begann seine militärische Laufbahn bereits mit 14 Jahren im Dienste Genuas, danach wechselte er zu den Spaniern, bis er schließlich eine Kommandantur in Venedig erhielt. Bei der Belagerung von Ostende – die aufgrund der hohen Verluste auf beiden Seiten als »der lange Karneval des Todes« in die Weltgeschichte eingegangen ist – kämpfte er an der Seite der Spanier. Im Zuge der Kampfhandlungen zerriss eine Kugel seinen rechten Arm, der anschließend amputiert werden musste und durch eine Metallprothese ersetzt wurde. Fortan wurde er mit dem Spitznamen »braccio di ferro« (Eisenarm) gerufen.

1613 trat er seine Dienste in Venedig an und führte die venezianischen Truppen im Krieg gegen die Uskoken, einen Verband von Hajduken, der vornehmlich aus kroatischen, aber auch serbischen Flüchtlingen bestand, die vor den Osmanen geflüchtet waren und sowohl diesen als auch Venedig den Krieg erklärt hatten. Am 11. Oktober 1617 verlor Giustiniani in der Schlacht von Gradisca, durch eine Habsburger Kugel tödlich getroffen, das Leben.

Man errichtete ihm zu Ehren dieses Reiterstandbild, das nur seine linke Seite zeigt, um so den fehlenden Arm zu verdecken.

Adresse Basilika San Giovanni e Paolo, Campo San Giovanni e Paolo, Castello 6363, 30122 Venedig | **Öffnungszeiten** Mo–Sa 7.30–18.30, So 12–19.30 Uhr | **Vaporetto fermata** Ospedale, Linie B, 4.1/4.2, 5.1/5.2, 22 | **Tipp** Gleich nach dem Eingang der Basilika ist ein interessantes Fresko. Dargestellt wird der venezianische Gouverneur Zyperns Marcantonio Bragadin, dem nach dem Fall von Nikosia 1571 von den Osmanen die Haut abgezogen wurde. Diese hat man mit Stroh ausgestopft als makabre Trophäe nach Konstantinopel gebracht, wo sie 1580 vom Venezianer Gerolamo Polidori gestohlen und anschließend nach Venedig gebracht wurde. Die Haut wird heute als Reliquie in der Kirche bewahrt, ist dem Publikum aber nicht zugänglich.

50__ Der rote Stein

Das Wunder von Corte Nova

Der Sotoportego in Corte Nova ist Schauplatz gar wundersamer Begebenheiten. Im Bogenfeld über dem Eingang ist zu lesen, welche Wunder hier dank der Fürbitte der Jungfrau Maria geschehen sind.

Der Sage nach wurden die Bewohner des Hofes aufgrund ihres starken Glaubens mehrfach vor dem Tod bewahrt und blieben sogar von einer großen Seuche verschont. Während der schrecklichen Pestepidemie von 1630, der allein in Venedig mehr als 50.000 Menschen zum Opfer fielen, forderte Giovanna, ein junges Mädchen von Corte Nova, ihre Familienmitglieder, Freunde und Nachbarn auf, die Hoffnung nicht aufzugeben und auf die Hilfe der Gottesmutter zu vertrauen. Sie malte ein Bild, auf dem die Heilige Jungfrau Maria, der heilige Rochus (Schutzheiliger der Pestkranken) und der heilige Lorenzo Giustiniani (Schutzheiliger gegen die Epidemien) dargestellt waren, und hängte dieses Bild in den Sotoportego. Alle Bewohner der Umgebung sollten nun jeden Tag vor dem Bild beten … Und tatsächlich: Die Pest, an der weiterhin unzählige Menschen starben, breitete sich nicht in der näheren Umgebung des Bildes aus, und alle Anrainer wurden verschont. Zum Gedenken an die Begebenheit wurde ein roter Pflasterstein aus Veroneser Marmorstein eingefügt.

Nach diesem wundersamen Ereignis wurde die Gottesmutter hier auch während des Ersten Weltkrieges angerufen, und scheinbar hat der starke Glaube der Anwohner auch in diesem Fall wie ein Schutzschild gegen die Bombardierungen gewirkt, denn es gab in Venedig keine Opfer zu beklagen …

Noch heute wird im Sotoportego am ersten Dienstag im Mai und am 21. November – dem Tag der Madonna della Salute, der an das Ende der Pest von 1638 erinnert – hier der Rosenkranz gebetet. Zudem treten viele Leute auf den roten Stein, er soll Glück bringen – andere betrachten das aber als Häresie, denn man soll sein Glück bekanntlich nicht herausfordern!

Adresse Sotoportego Corte Nova (in der Nähe der Calle Zorzi, unweit von Santa Giustina), Castello 6318, 30122 Venedig | **Vaporetto fermata** Arsenale, Linie 1, 4.1/4.2, Nachtlinie N | **Tipp** Unweit des Sotoportego befindet sich in Castello 3253 der Palazzo Malta, der Sitz des Großpriorats des Malteserordens in Venedig. Nach Reservierung ist es möglich, das Großpriorat zu besichtigen (www.ordinedimaltaitalia.org).

51___Die Runen
Nordisches in Venedig

Vier Löwen bewachen das Tor zum Arsenal, wobei einer der beiden Löwen auf der linken Seite seltsame Schriftzeichen trägt. Lange Zeit war nicht bekannt, worum es sich hierbei handelte, bis der dänische Historiker Carl Christian Rafn in ihnen Runen aus dem 11. Jahrhundert erkannte, die auf Befehl von Harald III. (1015–1066) angebracht worden waren und von dessen Taten in Griechenland, Rumänien und Armenien berichten – sozusagen als Beleg, »da gewesen« zu sein. Der Löwe gelangte als Kriegsbeute des Dogen Francesco Morosini (der in die Geschichte eingegangen ist, weil er mit einem Fehlschuss die Athener Akropolis traf, die als Munitionslager genutzt und durch den Treffer in die Luft gejagt wurde) in die Stadt.

Interessant ist im Zusammenhang mit den Runen das venezianische Rezept »baccalà mantecato« (Stockfischpüree). Der Legende nach kam der Stockfisch im 15. Jahrhundert durch den Kaufmann Piero Querini nach Venedig, der den getrockneten Kabeljau auf einer Reise (Irrfahrt) zu den Lofoten kennenlernte. Kabeljau klang für die Venezianer wie das portugiesische »bacalau«, wodurch er seinen Namen erhielt.

Es ist aber nicht unwahrscheinlich, dass die Venezianer die portugiesische Variante des Stockfisch, nämlich den Klippfisch, bereits schon früher kannten, was auch der Umstand belegt, dass die berühmte Stockfischcreme früher mit Mascarpone angerührt wurde; im Gegensatz zum norwegischen Stockfisch ist Klippfisch stark gesalzen, was man mit dem Mascarpone wohl abzumildern suchte.

Den Venezianern, die generell nur zart salzen, scheint das ungesalzene norwegische Produkt mehr zugesagt zu haben, denn die »Dogale Confraternita del Baccalà Mantecato« (Bruderschaft des Stockfischpürees) trägt neben dem getrockneten Fisch einen norwegischen Fischer im Logo und propagiert ein Püree, bei dem der gewässerte und gekochte Stockfisch nur mit Olivenöl (ohne Mascarpone) aufgeschlagen wird.

Adresse Campo de l'Arsenal, Castello, 30122 Venedig (am linken vorderen Löwen) | **Vaporetto fermata** Arsenale, Linie 1, 4.1/4.2, Nachtlinie N | **Tipp** Vor der Latteria Ortiz in Castello steht meist ein großes Holzfass mit bereits eingeweichtem Stockfisch für den Hausgebrauch. Die Norweger exportieren übrigens 2/3 ihrer Stockfischproduktion nach Italien, wobei die Veneter allein 50 Prozent davon konsumieren – allerdings nur die ungesalzene Variante, der gesalzene Klippfisch wird im restlichen Italien verkauft. Interessant, wie eine einstige (einfache) Seemannskost und spätere Fastenspeise heute zur hochgelobten Delikatesse werden konnte.

52__Die Sala San Marco

Die »blutige« Bibliothek

Zu den verborgenen Orten Venedigs, die nicht einmal den Einheimischen so richtig bekannt sind, gehört sicherlich auch dieser geheimnisvolle Saal, welcher sich Sala San Marco Biblioteca nennt. Gemeint ist damit der Versammlungssaal der ehemaligen Bruderschaft San Marco, deren Gebäude heute als Krankenhaus genutzt wird.

Die Bibliothek von San Marco befindet sich im Kapitelsaal im ersten Stock. Die Mitte der fast gänzlich mit Gold plattierten Holzdecke schmückt ein goldener venezianischer Löwe mit geöffnetem Buch. Er ist von den Symbolen der anderen großen Scuole (Bruderschaften) umgeben, so steht der Adler für San Giovanni Evangelista, das Kreuz mit den konzentrischen Kreisen für die Carità, das Kürzel SR für San Rocco (siehe Seite 206) und SM für Santa Maria di Valverde. Die Scuola diente also nicht nur zu Andachtszwecken, sondern auch zur Interaktion mit anderen Bruderschaften und zur gegenseitigen Hilfe. Früher zierten vier berühmte Bilder von Domenico Tintoretto die Wände, diese fielen allerdings napoleonischen Plünderungen zum Opfer – drei von ihnen kamen aber wieder nach Venedig und hängen heute in der Akademie. 1806 wurde die Scuola in eine Kaserne umfunktioniert, danach zu einem Militärkrankenhaus. Seit 1819 ist das Gebäude ein ziviles Krankenhaus mit 120 Betten. 1948 wurde das Gebäude restauriert.

Seit 1985 beherbergt die Bibliothek eine Dauerausstellung zum Thema »Die Geschichte der Gesundheit – Venedig und das Krankenhaus vom 16. bis 20. Jahrhundert«. Dazu gehören wichtige Dokumente der alten Bibliothek, anatomische Atlanten, aber auch Pläne zur Umgestaltung des Krankenhauses.

Das Herzstück der Ausstellung ist aber die große Sammlung an chirurgischen Instrumenten, die von einfachen Knochensägen zur Amputation aller möglichen Gliedmaßen bis hin zu abenteuerlichen chirurgischen Bestecken zur Schädelöffnung reichen … wahrhaft ein blutiger Ort!

PAX
TIBI
MARCE EVANGE LISTA MEUS

Adresse Campo Santi Giovanni e Paolo, Castello, 30122 Venedig | Öffnungszeiten
Mo–Fr 8.30–14 Uhr (außer an Feiertagen, Mariä Himmelfahrt und 24. Dez.–1. Jan.) |
Vaporetto fermata Ospedale, Linie B, 4.1/4.2, 5.1/5.2, 22 | Tipp In der nahe gelegenen
Barbaria delle Tole befindet sich im Haus mit der Nummer 6671 die urige Trattoria
Bandierette.

53__ Der weiße Stein

Treffpunkt der Granden

Auf dem steingepflasterten Weg, der zu San Pietro di Castello (siehe Seite 86) führt, hebt sich ein auffallend weißer Stein vom üblichen Grau des Pflasters ab. Nun könnte man meinen, dass dieser rein zufällig hier liegt, was aber nicht der Fall ist – ganz im Gegenteil, denn der weiße Stein ist die Markierung eines Standortes, der für die stadtpolitische Geschichte der Serenissima von elementarer Bedeutung war. Genau hier, an dieser Stelle des Campo San Pietro, trafen sich ihrerzeit nämlich der Doge und der Patriarch von Venedig.

Weithin in Vergessenheit geraten ist die Tatsache, dass bis 1807 die Kirche San Pietro di Castello der Dom von Venedig war und nicht der Markusdom; dieser diente den Dogen als Privatkapelle und war der Öffentlichkeit mehr oder minder gar nicht zugänglich. Und damit hatten sowohl der Patriarch als auch der Doge ein Ego-Problem: Keiner wollte zum anderen gehen, das hätten beide gleichermaßen als Demütigung empfunden.

Um nun dem Dogen die Demütigung zu ersparen, bis zur Kirche San Pietro kommen zu müssen, und umgekehrt dem Patriarchen nicht zuzumuten, den Dogen bei seiner Ankunft auf dem Boot zu empfangen oder gar in den Dogenpalast zur Audienz kommen zu müssen, bediente man sich eines diplomatischen Schachzuges, der mittels eines ausgeklügelten Kompromisses beider Ehren gerecht wurde: Man einigte sich darauf, dass sich der Doge und der Patriarch genau hier an diesem Punkt, wo heute der weiße Stein liegt, trafen.

Es ist übrigens Napoleon zu verdanken, dass die Basilika San Marco zum Dom von Venedig gemacht wurde; und auch dieser Entscheidung liegt diplomatisches Kalkül zugrunde. Dadurch, dass nun San Marco der Dom war, wurde den Dogen ihre prestigeträchtige Privatkapelle genommen, womit ihnen eines der wichtigsten Symbole ihrer Macht verloren ging, wodurch Napoleon ihren Einfluss noch vor seiner Ankunft in der Serenissima schwächte.

Adresse Campo San Pietro, Castello, 30122 Venedig | **Vaporetto fermata** San Pietro, Linie 4.1/4.2 und 5.1/5.2 | **Tipp** Hinter der Kirche San Pietro befindet sich der ehemalige Palast des Patriarchen; wenn man hier durch den Kreuzgang geht, kann man am hinteren Ende einen dunklen Gang mit einem Tor ausmachen. Dahinter befindet sich die kleine Werft Elio de Pellegrini, die werktags zu besichtigen ist (einfach klingeln; www.cantieredepellegrini.it).

54__ Die Boccia-Bahn

Strandvergnügen in der Stadt

Venedig ist immer für Überraschungen gut – vor allem in Hinblick auf die Spiele-, Unterhaltungs- und Tourismusindustrie. Aber in diesem Fall überrascht die Serenissima einmal auf eine höchst amüsante Art, und das auf ganz ungewöhnlich bescheidene und zurückgezogene Weise. In der Nähe der Kirche Angelo Raffaele verbergen sich nämlich zwei Boccia-Verbände: einmal der von Mariano Cucco (Dorsoduro 2531 in der Fondamenta Briati) und andererseits der von San Sebastiano.

Boccia ist ja in nördlichen Breiten eher als Strandspiel bekannt oder allenfalls noch durch die Tatsache, dass es der Lieblingssport von Konrad Adenauer war. In Italien ist Boccia bis heute Volkssport und wird mitnichten nur am Strand gespielt, sondern auch in eigens dafür eingerichteten Hallen wie dieser.

Den Mitgliedern vom Boccia-Verband von San Sebastiano stehen drei ordnungsgemäße, den Turnier-Regeln entsprechende Bahnen zur Verfügung, auf denen in bestimmten Abständen und zu festgelegten Zeiten abwechselnd Anfänger, Hobby-Spieler und Profis wettkampfmäßig trainieren oder einfach nur spielen.

Außerhalb von Turnieren sind dort auch Gäste herzlich willkommen; man kann in der hier betriebenen Osteria einfach nur eine Ombra (Gläschen Schankwein) trinken und zuschauen oder auch mitspielen, was sich aber angesichts der Tatsache, dass sich hier vornehmlich Routiniers matchen, nur erfahrenen Boccia-Spielern zu empfehlen ist.

Boccia wurde in Italien deshalb zum Breitensport, weil es die liebste Freizeitbeschäftigung von Giuseppe Garibaldi war. Seinen Höhepunkt erlebte der Sport im Italien der 40er Jahre und in der Nachkriegszeit, in der ein regelrechter Boom ausbrach. Als das Spiel von einer Freizeitbeschäftigung zu einem ernst zu nehmenden (Leistungs-)Sport mutierte, wurden Verbände gegründet, um den Spielern professionelle Trainingsmöglichkeiten bieten zu können.

Adresse Boccia-Verband San Sebastiano, Fondamenta San Sebastiano, Dorsoduro 2371, 30123 Venedig | **Öffnungszeiten** Mo–Sa 10–12.30 und 15.30–19 Uhr | **Vaporetto fermata** San Basilio, Linie 2, 5.1/5.2, 8, Nachtlinie N | **Tipp** Wer sich für Venedigs einzigen im alten Stadtzentrum befindlichen Tennisplatz interessiert, der begebe sich zur Ca' San Boldo, Rio Terà I, San Polo 2281 – hier kann jeder Tennis spielen; sicher ein seltenes Vergnügen, das nicht nur den Gästen der Ferienwohnungen zur Verfügung steht (Anmeldung unter info@adriabella.com).

55_ Das Do Farai

Venezianisches Sashimi

In der Osteria Do Farai – übrigens das Lokal, in dem alljährlich die Siegesfeierlichkeiten nach der großen Regatta abgehalten werden – findet man unter der Bezeichnung »Carpaccio di branzino ubriaco di prosecco« eine gar köstliche Delikatesse. Es handelt sich bei ihr um einen fangfrischen Wolfsbarsch, der direkt vor dem Gast filetiert und in Prosecco mariniert wird – das »ubriaco« im Namen bedeutet zwar betrunken, doch die Menge an Alkohol sorgt maximal dafür, dass er allenfalls »brillo« (beschwipst) ist. Erstaunlich ist dabei die Tatsache, dass der Fisch nicht, wie man meinen könnte, mit zart gearbeiteten japanischen Kunstmessern filetiert wird, sondern mittels einer Fleischgabel und eines Fleischermessers. Dass er dennoch papierdünn aufgeschnitten auf der Platte liegt, beweist, dass erlerntes Handwerk immer noch wichtiger ist als jedes Werkzeug.

Zwangsläufig kommen einem beim Genuss dieser gleichermaßen rustikalen wie eleganten Köstlichkeit Gedanken zur Frische des Fisches, welche gerade bei Rohware eine Conditio sine qua non sein muss.

Interessant ist in diesem Zusammenhang, dass im Gebäude der Pescheria Nuova (Neuer Fischmarkt) im ersten Stock die Staatsanwaltschaft residierte, deren Räumlichkeiten über eine mit Muscheln, Kraken und Fischköpfen(!) verzierte Freitreppe erreicht werden konnten. Unter der Freitreppe befinden sich schmiedeeiserne Tore, und an einem der beiden steht »Piscis primum a capite foetet« geschrieben, das von Erasmus von Rotterdam aus dem Griechischen übertragene Sprichwort »Der Fisch stinkt vom Kopfe her«.

Die Frage stellt sich nun: Wem galt das Sprichwort? – Den Fischhändlern wohl kaum, denn die wussten um diesen Umstand. Den Käufern wahrscheinlich ebenfalls nicht, denn in Venedig sind sie warenkundig. Ergo war der »stinkende Kopf« eine warnende Anspielung auf die hier ansässigen Stadtbeamten und deren hohe Machtpositionen.

Adresse Osteria Do Farai, Dorsoduro 3278, 30123 Venedig, Tel. 0039/412770369 |
Öffnungszeiten Mo−Sa 11.30−14.30 und 19−22.45 Uhr | **Vaporetto fermata**
Ca' Rezzonico, Linie A, 1 | **Tipp** Hinter der Pescheria Nuova in Richtung Canal Grande
findet man eine Tafel, auf der die genauen Zeiten und Maße des Fischfangs vorgeschrieben
sind − die Regeln mussten strengstens befolgt werden. Man wollte mit dieser Maßnahme
bereits seinerzeit die Fortpflanzung der Fische sicherstellen und eine nachhaltige Fischerei
in der Lagune gewährleisten.

56__ Die Fußabdrücke

Die Brücke der Fäuste

Wer vis-à-vis der Osteria Pugni die gleichnamige Brücke betritt, wird auf beiden Seiten des Plateaus jeweils zwei weiße Fußabdrücke aus istrianischem Stein ausmachen. Diese sogenannten »sampe«, wie sie im Venezianischen genannt werden, erinnern an die Tatsache, dass diese Brücke als eine Art historischer Boxring diente, wo verfeindete Stadtteile diverse Kämpfe austrugen. Diese Kämpfe wurden zumeist zwischen September und Weihnachten organisiert und folgten einem festgelegten Ritual mit einem »Paten« als Schiedsrichter: Zuerst fanden Einzelkämpfe statt, danach sogenannte Kollektivkämpfe mit zwei bis fünf Teilnehmern auf jeder Seite, und schließlich durften sich dann alle ins Handgemenge einmischen, die Lust hatten.

Während die Einzel- und Kollektivkämpfe mehr oder weniger den traditionellen Ring- oder Faustkämpfen mit festem Regelwerk glichen, hatten die Gruppenkämpfe einen etwas anderen Handlungsverlauf. Die Teilnehmer versuchten, Raum auf der Brücke zu erobern, indem sie angriffen und nach vorne drängten. Hierbei gab es keinerlei Regeln – auch Treten und Tiefschläge waren erlaubt. Da die Brücken damals »ohne Wangen« waren, also keine Geländer hatten, landeten viele der Beteiligten im Kanal. Sieger war, wer als Erster seine Fahne am höchsten Punkt der Brücke befestigen konnte.

Manchmal wurden die Gegner aber nicht nur ins Wasser gestoßen. Hier, in San Barnaba, fand 1705 ein legendärer Kampf statt, bei dem sich beide Gruppen mit Steinen beschmissen, wodurch die Auseinandersetzung eine blutige Wendung nahm. Anschließend artete die Massenschlägerei in eine Messerstecherei aus, und niemand bemerkte, dass ein Brand ausgebrochen war. Dem Pfarrer von San Barnaba gelang es mit letzter Not, mit einem Kruzifix in der Hand dem Kampf ein Ende zu bereiten und die Männer zu Löscharbeiten zu bewegen. Nach diesem Ereignis beschloss das Consilium Sapientis (Rat der Weisen), die alte Sitte zu verbieten.

Adresse Ponte dei Pugni, Dorsoduro, 30123 Venedig | **Vaporetto fermata** Ca' Rezzonico, Linie A, 1 | **Tipp** In Venedig gab es mehrere Brücken, auf denen solche Kämpfe ausgetragen wurden – so auch in Cannaregio auf der Brücke Santa Fosca. Die Kämpfe wurden von der Serenissima ursprünglich unterstützt, denn so blieben die Männer schlagkräftig, und in den Kämpfen konnten sich gewaltbereite Personen abreagieren. Zugleich schürte die Stadt die Rivalität zwischen den Stadtteilen und verhinderte so – ganz nach der römischen Redewendung »divide et impera« (teile und herrsche) –, dass sich Stadtteile verbündeten, was deren Kontrolle erleichterte.

57___Das Hunderelief

Symbol der »Padri dell'acquavita«

Beim Rio Terà dei Gesuati befindet sich ein Schlussstein, auf dem ein Relief von einem Hund und einem Wappenschild zu sehen ist. Auf dem Wappenschild sind ein Stern und eine Fackel abgebildet, die als Gesamtheit gesehen eine Lilie darstellen. All diese Attribute weisen auf den Orden der Jesuaten hin und erklären sich wie folgt: Die Mutter des heiligen Dominikus hatte einst von einem Hund mit einer Fackel im Maul geträumt – ihrer Meinung nach ein Zeichen dafür, dass ihr Kind mit seinen Worten die Welt in Brand setzen und sohin verändern würde. Der Hund weist auch auf die wörtliche Übersetzung des Namens Dominikus (italienisch Domenico) hin, der sich aus »domini« (Herr) und »cane« (Hund) zusammensetzen könnte; tatsächlich stammt der Name aber von »domenica«, dem italienischen Wort für Sonntag – die Mutter wählte ihn in Erinnerung an die Wallfahrt, die sie kurz vor der Entbindung zum heiligen Dominikus von Silos unternahm.

Der Stern symbolisiert zum einen Weisheit, zum anderen erinnert er daran, dass am Tag der Geburt des heiligen Dominikus ein Stern am Himmel aufleuchtete. Die Lilie ist das Symbol für Glaube, Weisheit und Mut, aber auch als Zeichen der Keuschheit zu interpretieren – so sparten die Jesuaten nicht mit Kritik an der fleischlich gesinnten Klerikerkirche unter Papst Johannes XXII. (1316 bis 1334).

Die Jesuaten wollten durch Gebete, Kasteiung, karitative Nächstenliebe und Krankenpflege ihr Seelenheil erlangen und erwarben sich vor allem Verdienste bei der Versorgung von Pestkranken. Beim Volk wurden sie liebevoll »Padri dell'acquavita« (Aquaviten) genannt, weil sie den Kranken vielerlei heilende und wohlschmeckende Liköre verabreichten. 1668 wurde der Orden dennoch auf Drängen der Stadt Venedig von Clemens IX. wieder aufgehoben, weil die Löwenrepublik die großen Reichtümer des Ordens zur Fortsetzung des Türkenkriegs zu verwenden wünschte.

Adresse Rio Terà dei Gesuati, Dorsoduro, 30123 Venedig | **Vaporetto fermata** Zattere, Linie B, 2, 5.1/5.2, 6, 8, 10, 16, Nachtlinie N | **Tipp** Bei der Kirche dei Gesuati befindet sich eine Glastür mit der Aufschrift »Don Orione Artigianelli«; »artigianelli« heißt so viel wie kleiner Handwerker und bezieht sich auf die Tatsache, dass Don Orione Wert darauf legte, dass die von ihm unterstützten Jugendlichen ein Handwerk erlernten. Das Gebäude ist ein ehemaliger Konvent, dessen schöner Kreuzgang erhalten und auf Anfrage zu besichtigen ist (info@donorione-venezia.it).

58__Der Nagel
Die unsichtbare Reliquie

Fast alle Besucher kommen wegen des (wahrscheinlich) größten Gemäldes der Welt, das – aus 40 einzelnen Paneelen zusammengesetzt – die Decke ziert, in die Kirche San Pantalon. Doch auch in der Cappella del Santo Chiodo werden wertvolle Kunstschätze aufbewahrt; allen voran der Schrein des Nagels der Kreuzigung Christi. Ludwig IX. von Frankreich soll diese wertvolle Reliquie der Stadt 1270 zum Geschenk gemacht haben. Er überreichte der damaligen Oberin der Klarissen von Santa Chiara einen Ring und ein Kästchen, dessen Inhalt nur demjenigen gegeben werden durfte, der einen ebensolchen Ring trug.

Da Ludwig in Tunis an einer Epidemie starb und nicht mehr zurückkehrte, öffneten die Klosterschwestern das Kästchen und fanden darin den Nagel samt »Expertise«: Diesem Schreiben zufolge gelangte der Nagel im Zuge der Kreuzfindung in den Besitz der heiligen Helena. Ihr Sohn Konstantin brachte die Reliquie zuerst nach Rom und anschließend nach Byzanz, dem späteren Konstantinopel. Nach dem Fall Konstantinopels durch die Kreuzzüge 1203 teilten sich die französischen und venezianischen Sieger die Passions-Reliquien.

Als das Klarissenkloster 1810 durch Napoleon geschlossen wurde, flüchtete die damalige Oberin Schwester Maria Lucarelli in die Chiesa San Pantalon, der sie am 30. Mai 1830 die Reliquie überließ. Am Karfreitag 1836 wurde der heilige Nagel in die Cappella gebracht; seitdem sollte er einmal jährlich den Gläubigen vorgeführt werden – leider kann diese Tradition seit 2012 nicht fortgeführt werden, weil der Nagel gestohlen wurde.

Aber man kann sich ja vorstellen, dass die heilige Reliquie hier aufbewahrt wurde – immerhin sind ihr Schrein und eine Nachbildung zu sehen. Und die anderen Kunstschätze wie das Relief der Grablegung Christi, das Gemälde Paradiso von Giovanni di Almagna oder das Fresko der schwarzen Madonna sind auch sehenswert!

Adresse Cappella del Santo Chiodo (in der Chiesa di San Pantalon), Campo San Pantalon, Dorsoduro 3765, 30123 Venedig | **Öffnungszeiten** täglich 16–18 Uhr (zur Besichtigung der Kapelle muss das Personal gefragt werden) | **Vaporetto fermata** San Tomà, Linie 1, 2, Nachtlinie N | **Tipp** Wie verrückt Venedig nach Reliquien war, zeigt sich auch an der riesigen Sammlung von zum Teil sehr skurrilen Reliquien, die im Markusdom aufbewahrt werden – darunter finden sich beispielsweise so Merkwürdigkeiten wie eine Ampulle mit dem Blut Christi, ein kleiner Teil der Geißelungssäule, der Arm des heiligen Georg, mit dem er den Drachen getötet hat (siehe Seite 28), oder auch die Reliquie mit der Milch der Heiligen Jungfrau.

59___Der Rio Terà dei Gesuati

Ein zugeschütteter Kanal

Die venezianische Bezeichnung »Rio Terà« bedeutet sinngemäß übersetzt so viel wie »Erdfluss«. – Weil außer Jesus wohl kaum jemand imstande war und ist, über Wasser zu laufen, mussten diese »begehbaren Kanäle« mit Erde zugeschüttet werden. Der Rio Terà dei Gesuati bei der Jesuaten-Kirche ist ein schönes Beispiel für so einen ehemaligen Kanal, seine Reste sind gut erkennbar.

Kanäle haben seit der Gründung Venedigs eine fundamentale Bedeutung für die Stadt. Um 1500 umfasste das Kanalnetz mehr als 37 Kilometer und erfüllte mehrere Funktionen: Es diente als Verkehrs- und Kommunikationsweg, der Zulieferung von Nahrungsmitteln sowie der Abfallbeseitigung, und es musste gewährleisten, dass die natürliche Wasserzirkulation in der Lagune möglich war.

Vor Ende des 18. Jahrhunderts hatte man so gut wie keine Kanäle zugeschüttet, im Gegenteil – man war damit beschäftigt, immer wieder neue Wasserwege zu schaffen. Ein Zuschütten kam nur im äußersten Notfall in Frage, etwa wenn man sich in Richtung einer Sackgasse bewegte. Aber auch in solchen Fällen wurde, wo es möglich war, eher ein Gewölbe über den Kanal errichtet, als diesen aufzulassen. Dennoch musste 1156 der damalige Rio Batario aufgeschüttet werden, denn auf diesem wurde der heutige Markusplatz errichtet.

Nach dem Untergang der Serenissima 1797 wurde vieles anders betrachtet, man war vor allem bestrebt, die Stadt zu modernisieren. Mehr als sechs Kilometer Kanal wurden zugeschüttet (das entsprach 20 Prozent der damaligen Länge), und um 1866 waren bereits 30 Prozent der Kanäle nicht mehr existent. Das Unterfangen wurde glücklicherweise beizeiten beendet, sodass Venedig eine Stadt des Wassers blieb.

Angesichts der Tatsache, dass es heutzutage zu wenige Bootsanlegestellen gibt, wird darüber diskutiert, einige dieser Kanäle wieder auszugraben, was auch die Wasserzirkulation in der Lagune verbessern würde.

Adresse Fondamenta delle Zattere ai Gesuati, Dorsoduro 917, 30123 Venedig (an der Hausmauer der Kirche Santa Maria del Rosario des Jesuatenklosters) | **Vaporetto fermata** Zattere, Linie B, 2, 5.1/5.2, 6, 8, 10, 16, Nachtlinie N | **Tipp** Der Rio del Santissimo ist der einzige unterirdische Kanal Venedigs. Er führt unter dem Chor der Kirche Santo Stefano hindurch und ist mit einem Boot oder einer Gondel befahrbar.

60 __ Der Squero

Erfindung der Einmannsteuerung

In vielen Reiseführern ist zu lesen, dass der zweifelsohne pittoreske Squero (Gondelwerft) vis-à-vis der Kirche San Trovaso die letzte verbliebene Werft sei. In Wahrheit gibt es noch weitere, wenngleich sich einige mehr oder weniger nur mit Reparaturen befassen, andere gar ehrenamtlich arbeiten, um historische Boote zu erhalten.

Der vielleicht wichtigste Squero befindet sich mit der Firma Domenico Tramontin & Figli an der Ponte Sartorio, denn dieser Betrieb hat in den 80er Jahren des 19. Jahrhunderts die ersten asymmetrischen Gondeln entwickelt und gebaut. Die Steuerbordseite der Gondeln wurde gegenüber der Backbordseite um einen viertel Meter verkürzt, und die so entstandene Krümmung des Rumpfes ermöglichte das Rudern von nur einem Gondoliere, der den Riemen (Ruder) auf der rechten Seite eintaucht. Bis dahin wurden Gondeln immer von zwei oder vier Männern gerudert, die an Heck und Bug standen.

Apropos Bug: Das Bugeisen ist eine Allegorie auf Venedig und repräsentiert erstens die Bezirke (sechs rechteckige Finger vorne für San Marco, San Polo, Santa Croce, Castello, Dorsoduro, Cannaregio und einen nach hinten für die Giudecca), zweitens die Dogen (Capello del Doge wird der große Kopf genannt), drittens den Canal Grande (von der obersten Spitze bis zum tiefsten Punkt am Rumpf bildet das Eisen ein »S«, das für den Canal steht), und schließlich wird der untere Bogen am Capello mit der Rialtobrücke in Verbindung gebracht.

Die Gondeln waren auch nicht immer schwarz – ganz im Gegenteil: Je reicher ihr Besitzer, desto prunkvoller waren sie ausgestattet. Mitte des 18. Jahrhunderts wurden aber auch sie Opfer der Anti-Luxus-Gesetze (siehe Seite 12) und ihr Aussehen gesetzlich festgelegt: Sie hatten einheitlich schwarz zu sein, lediglich das silberne »ferro« (Bugeisen) und die goldenen Seepferdchen und Nixen an den Seiten blieben erlaubt … seitdem tragen die Gondeln Trauer.

Adresse Domenico Tramontin & Figli, Dorsoduro 1542, 30123 Venedig, www.tramontingondole.it | **Vaporetto fermata** San Basilio, Linie 2, 5.1/5.2, 8, Nachtlinie N | **Tipp** Der eingangs erwähnte Squero di San Trovaso ist eigentlich eine Reparatur- und mehr oder weniger Museumswerft. Nicht vergessen darf man an dieser Stelle die sehr komplexen »frocole« (Dollen) für die Riemen (Ruder); meist aus Nuss-, Birnen- oder Kirschholz geschnitzt. Jede der Ein- und Ausbuchtungen einer forcola hat beim Manövrieren der Gondel eine ganz spezielle Aufgabe. Einer der letzten »remèri« (Riemenmacher) hat mit Carli Succ. Di P. Brandolisio sein Geschäft in der Calle Rotta 4725. Ein besonderes Einkaufserlebnis hat man bei Piero Dri im »Il Forcolaio Matto« in Cannaregio 4231 (www.ilforcolaiomatto.it).

61__Das verblasste Wappen
Veronica Francos Geburtshaus

Über dem Pfarramt der Chiesa di Sant'Agnese ist ein seltsames Emblem auszumachen, dessen Wappenschild vollkommen verblasst ist – fast scheint es so, als sei das beabsichtigt. Es handelt sich nämlich hierbei um das Wappen der Familie Franco, aus der auch die berühmteste Kurtisane Venedigs, die sagenumwobene Veronica Franco, entstammt; hier wurde sie geboren. Es ist keineswegs ein Zufall, dass sich das Wappen an der Parocchia befindet, denn die Francos waren das, was man als Cittadini Originari (»original« Venezianer) bezeichnete, und ihrem Stadtteil sehr verbunden, der ihnen mit diesem Symbol der Ehre Dank und Anerkennung aussprach.

Veronica Franco erlernte die Kunst der Liebe bereits in jungen Jahren von ihrer Mutter, einer sogenannten »cortigiana onesta«, also einer intellektuellen Kurtisane. Auch Veronica wurde 1565 im keineswegs unehrenhaften »Catalogo Pi ù honorate cortigiane Di Venezia« (siehe Seite 182) verzeichnet, dem Katalog der Edel-Prostituierten; diese Frauen waren gebildet, hübsch und genossen hohes Ansehen. Sie durften berühmten Malern Modell stehen und kamen auf diesem Umweg sogar in die Kirchen. So auch Veronica, deren linke Brustwarze durch Jacopo Tintorettos sinnlich-erotischen Teil-Akt weltberühmt wurde.

Veronica war gebildet, sie studierte Philosophie und zählte Dichter und Maler zu ihren Freunden, Gönnern und Liebhabern. 1575 erschienen ihre Liebesgedichte »Terze rime«, 1580 veröffentliche sie ihre frivolen – und indexgefährdeten – Briefe »Lettere familiari a diversi«.

In die Geschichte eingegangen ist Veronica schließlich durch ihren Auftritt bei König Heinrich III.; diesem ließ sie sich auf einem übergroßen Teller im von natürlicher Schönheit geprägten Evakostüm als süßen Appetithappen vorsetzen. Der Auftritt muss eindrucksvoll gewesen sein, denn über Jahrhunderte hinweg war Veronica Francos Name das Synonym für die venezianische Edelkurtisane!

Adresse Parrochia der Chiesa di Sant'Agnese, Campo di Sant'Agnese, Dorsodurdo, 30123 Venedig | **Vaporetto fermata** Zattere, Linie B, 2, 5.1/5.2, 6, 8, 10, 16, Nachtlinie N | **Tipp** Unweit der Parrochia befindet sich auch die etwas weniger bekannte Calle Franchi, die ebenfalls an die ehrenwerte Familie der Veronica Franco erinnert.

62 Der Ex-Convento

Ein Beispiel sinnvoller Umwidmung

Nein, das Bild ist nicht gestellt – und ja, es handelt sich hierbei um den Garten, welcher den hinteren Teil des einstigen Konvents neben der (ehemaligen) Chiesa S.S. Cosma e Damiano umgibt. Es ist traumhaft ruhig hier, geradezu lauschig, und wenn man Glück hat, dann trifft man auf einen der hier wirkenden Künstler, der zuwinkend auf eine Ombra einlädt. Der ehemalige Konvent ist ein gutes Beispiel dafür, dass die Stadt Venedig leer stehende Gebäude nicht nur in Luxushotels verwandelt, sondern sehr wohl auch (wenngleich wahrscheinlich zu selten) alten Gemäuern eine neue, sinnvolle Bestimmung zuteilwerden lässt.

Das ehemalige Kloster Cosma e Damiano fiel den Säkularisierungsmaßnahmen Napoleons zum Opfer und wurde nicht mehr restauriert. Lange Zeit stand das Gebäude leer, bis die Stadt Venedig hier einerseits ein gutes Dutzend Wohnungen einrichtete und andererseits im Zuge der kulturellen Neuentdeckung der Giudecca fünf jungen Künstlern Ateliers zur Verfügung stellte, die diese nun in den Räumen rund um den wunderschönen Innenhof für ihre kreativen Zwecke nutzen. In der angeschlossenen ehemaligen Kirche befindet sich eine dazugehörende moderne Kunstgalerie, wofür ihr Innenraum komplett umgestaltet wurde.

Auch der ehemalige Kapitelsaal des Klosters – der sogenannte Sala del Camino, der seinen Namen vom schönen Kamin im Renaissancestil hat – wurde umgewidmet und dient heute Kunstgalerien und Künstlern von der Giudecca als Präsentationsraum, wird aber auch für Ausstellungen und Veranstaltungen genutzt.

Die meisten Künstler lieben Ruhe bei ihrer Arbeit, weshalb Touristen hier eher unerwünscht sind; dennoch ist es möglich, durch die Pforte einen diskreten Blick in den Innenhof des alten Konvents zu werfen. Wer allerdings in den schönen Garten will, der sollte sich mit einem der Künstler anfreunden, denn diese nutzen den Garten rege …

Adresse ehemaliger Konvent S. S. Cosma e Damiano, Giudecca 620, 30133 Venedig |
Öffnungszeiten Der Konvent ist nicht für die Öffentlichkeit zugänglich (für Leute, die sich
für kunstvoll handgefertigte Trinkbecher aus Muranoglas interessieren, hier ein kleiner Tipp,
um reinzukommen – bei muranoglassfineart@yahoo.com anfragen). | **Vaporetto fermata**
Giudecca Palanca, Linie 2, 4.1/4.2, 8, Nachtlinie N | **Tipp** Einen Besuch wert ist auch
Santa Eufemia, deren Portikus-Säulen vom Kloster S.S. Biago e Cataldo stammen sollen, das
seinerzeit für den Bau der Stucky-Mühle (siehe Seite 138) weichen musste und abgerissen
wurde. Eine Gedenktafel erinnert daran.

63 __ Der Garten Eden

Was blieb vom Paradies?

Hinter dem Männergefängnis der Giudecca befindet sich eines der bestgehüteten Geheimnisse Venedigs, das aufgrund zahlreicher Geschichten, Mythen und (Halb-)Wahrheiten zur Gartenlegende schlechthin wurde. Es handelt sich um den sagenhaften »Garten Eden«, das einstige Refugium des Künstlers Hundertwasser, der das Anwesen 1972 erworben hatte, nachdem es 1966 von der großen Flut arg in Mitleidenschaft gezogen worden war.

Es war aber nicht der paradiesische Garten Eden, nach dem die Anlage benannt wurde, sondern der erste Besitzer, ein Brite namens Sir Frederick Eden, der hier 1885 einen englischen Landschaftsgarten anlegen ließ – dieser war seinerzeit so berühmt, dass er lange als ein Weltwunder der Gartengestaltungskunst galt.

Ihn besichtigen zu können gleicht ebenfalls einem Wunder, ist sogar, wenn man es ganz genau nimmt, schier unmöglich – allerdings kann man einen flüchtigen Blick über die Mauer werfen und wird dadurch erkennen, dass die Anlage zwar nicht besonders gut gepflegt ist, aber auch nicht vollkommen verwildert. Selten – vielleicht zu selten – kommen Gärtner, erledigen das Notwendigste und bekämpfen vor allem das wuchernde Unkraut. Das wäre aber sehr zum Missfallen des exzentrischen Künstlers gewesen, denn Hundertwasser vertrat die Ansicht, dass ein Garten nur dann paradiesisch sein könne, wenn man keinen Gartenbau betreibt und die Natur sich selbst überlässt … »Spontane Vegetation« nannte er das.

Dennoch legte auch Hundertwasser Hand an und zupfte die Brennnesseln aus, um voller Inbrunst zu verkünden: »Wisst ihr, wie einfach es ist, ohne Geld zu leben? Man muss nur Brennnesseln essen. Brennnesseln wachsen überall, und sie sind ganz umsonst – esst sie!«

Wenn Brennnesseln die paradiesische Nahrung bildeten, dann will man da nicht hin … und würde sich im Falle des Falles wohl auch vom Apfel verführen lassen!

Adresse Fondamenta al Rio della Croce, Giudecca, 30133 Venedig (der Garten ist am Ostende, das Tor mit der Aufschrift »Garten Eden« befindet sich vor der Brücke auf der rechten Seite) | **Vaporetto fermata** Redentore, Linie 2, 4.1/4.2, 8, Nachtlinie N | **Tipp** Wer der Empfehlung Hundertwassers keine Folge leisten will und lieber Fische und Meeresfrüchte isst, der begebe sich ins Ristorante al Storico da Crea, wo man mit Blick auf die große Werft sowie die Lagune typisch venezianische Küche genießen kann (www.ristorantealstorico.com).

64__ Die Ponte dei Lavraneri

Spuren des industriellen Venedigs

Wenn man von Sacca Fisola kommend über die Ponte dei Lavraneri auf die Giudecca zugeht, so wird man zwischen den modernen Laternen der in Brettschichtholzbauweise errichteten Brücke einen alten Schornstein ausmachen, der einst zur hier ansässigen Fabbrica Birra Venezia gehörte. Auch wenn die traditionelle Brauerei jahrzehntelange nach ihrer Stilllegung nun wieder in Mestre in Betrieb ist, so sind vom einstigen Industriereichtum Venedigs nur mehr Fragmente erhalten. Tatsächlich – man mag es heute kaum glauben – war gerade die Giudecca ein Zentrum der Landwirtschaft und der Industrie; weil Platz genug dafür vorhanden war. Heute befinden sich in den meisten ehemaligen Industrieanlagen Wohnungen, Hotels und sogar Theater. So wurde auch die einstige Brauerei zu Wohnungen umfunktioniert, welche gleich neben der ehemaligen Stucky-Mühle liegen, die heute einem bekannten Luxus-Hotel als monumental-eleganter Backstein-Rahmen dient (siehe Seite 138).

Erhalten ist immerhin der Betrieb des spanischen Modeschöpfers Fortuny, der Anfang des 20. Jahrhunderts vom Campo Sant'Angelo auf die Giudecca zog, wo er bis heute seine traumhaften Stoffe erzeugt.

Viele der gerade im 19. und 20. Jahrhundert in Venedig entstandenen Industriebetriebe siedelten sich auf der Giudecca an, vor allem solche, die von Ausländern betrieben wurden. Darunter auch der Deutsche Herion, der hier im ehemaligen Kloster Cosma e Damiano eine Faden- und Textilproduktion betrieb – heute dient das Kloster jungen Künstlern als Atelier (siehe Seite 132). Die nachhaltigsten Spuren – zumindest was den Namen betrifft – hat die ebenfalls deutsche Fabrik Junghans hinterlassen, die hier Präzisionsmessgeräte wie Uhren, Timer und in Kriegszeiten auch Handbombenzünder herstellte. Auf dem ehemaligen Gelände der Junghans-Werke wurden später Wohnungen, ein Studentenheim und ein Theater geschaffen, die allesamt am heutigen Campo Junghans residieren.

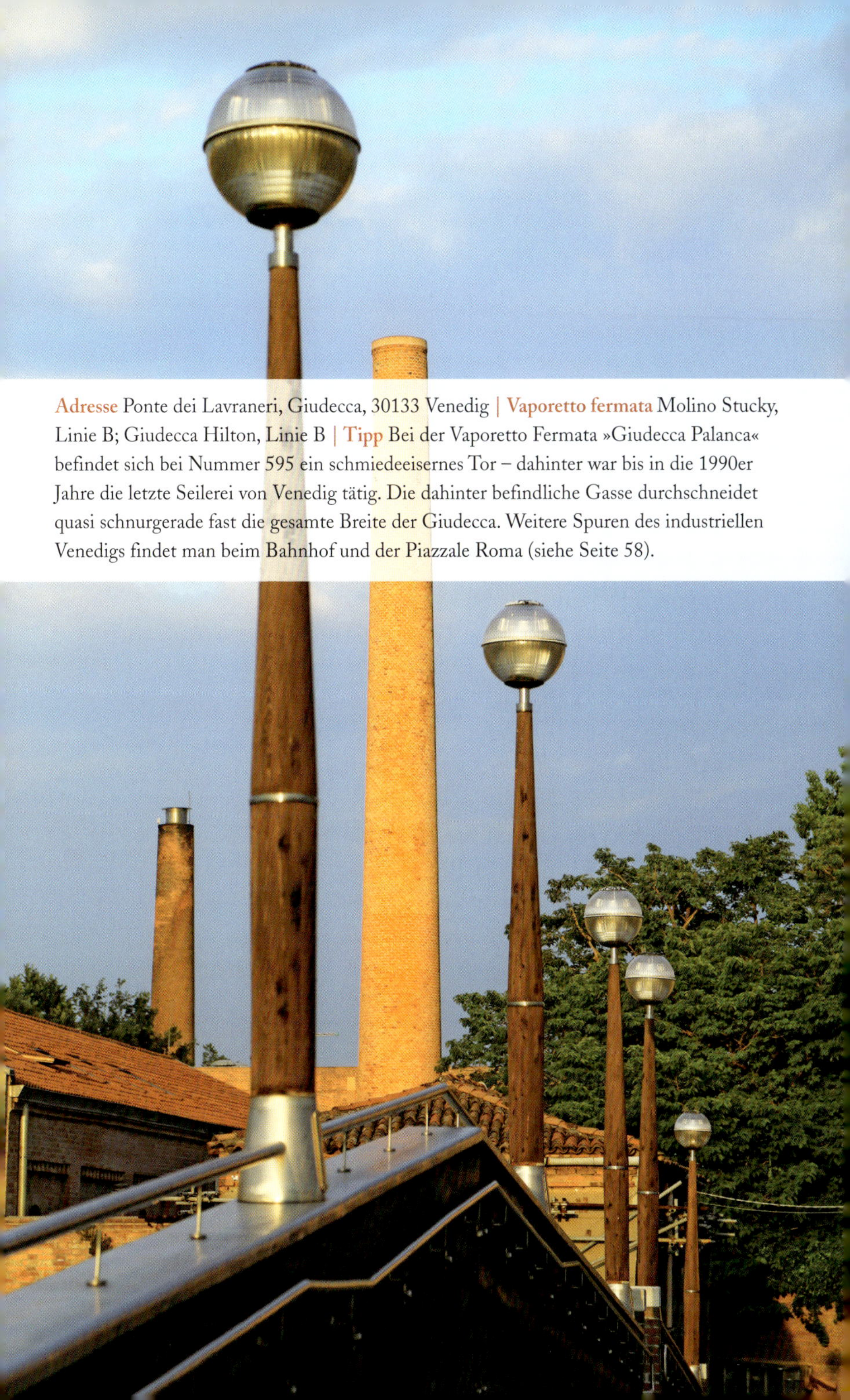

Adresse Ponte dei Lavraneri, Giudecca, 30133 Venedig | **Vaporetto fermata** Molino Stucky, Linie B; Giudecca Hilton, Linie B | **Tipp** Bei der Vaporetto Fermata »Giudecca Palanca« befindet sich bei Nummer 595 ein schmiedeeisernes Tor – dahinter war bis in die 1990er Jahre die letzte Seilerei von Venedig tätig. Die dahinter befindliche Gasse durchschneidet quasi schnurgerade fast die gesamte Breite der Giudecca. Weitere Spuren des industriellen Venedigs findet man beim Bahnhof und der Piazzale Roma (siehe Seite 58).

65 Die Stucky-Büste

Wie man eine Stadt erpresst

So manch ein Venezianer klagt über den Ausverkauf seiner Stadt, über die Großinvestoren, die alles zerstören würden (was eigentlich, denn kaum ein Denkmalamt ist so streng wie das italienische) und Venedig in ein Disneyworld für Superreiche umwandelten. War es das aber nicht schon immer? Haben nicht schon immer Adelige und Reiche aus aller Welt in Venedig investiert und der Stadt nach ihrem Gutdünken den Stempel aufgedrückt?

Venedig ist seit jeher eine Stadt des Handels und des Geldes, und was die Venezianer nicht veräußerten, das haben sie am Spieltisch verzockt – keiner hat sich jemals beschwert. Und welcher Investor oder welche Firma könnte einen Palazzo kaufen, wenn keiner zum Verkauf stünde? Aber es gibt Grenzen für alles, vor allem den guten Geschmack. Ein Beispiel für eine unschöne Überschreitung liefert die ehemalige Stucky-Mühle. Das riesige Gebäude wurde vom Schweizer Stucky errichtet, der in Venedig bereits eine kleinere Mühle betrieb und expandieren wollte. Anfangs waren die Venezianer von den Plänen mit dem Riesenkasten wenig begeistert, doch Stucky konnte sie davon überzeugen, ihn die Mega-Mühle bauen zu lassen – er drohte einfach damit, alle Angestellten und Beschäftigten zu entlassen, wenn sie nicht genehmigt werden würde. Das Argument war so gut, dass die Stadt die Baugenehmigung erteilte.

Bis 1955 war die Mühle in Betrieb, dann ging die Geschichte von vorne los: Erst erwarb ein mittlerweile wegen Betrug verhafteter Sizilianer das Industriedenkmal und verkündete den Bau von Wohnungen. Dann mutierte die Mühle – unterbrochen von einer »bedeutungslosen« Brandstiftung – ganz überraschend zu einem Luxushotel.

Was den Venezianern offenbar übel aufstößt, ist nicht das Investment und der Handel der Reichen an sich; es ist vielmehr die Arroganz und Überheblichkeit, mit der Stucky und Konsorten agieren ... und genau diese Arroganz drückt sich in der Büste aus.

Adresse Molino Stucky Hilton, Giudecca 810, 30133 Venedig (die Büste steht hinter dem Hotel im Innenhof vor dem SPA-Bereich) | Vaporetto fermata Molino Stucky, Linie B; Giudecca Hilton, Linie B | Tipp Auch wenn es manch einem zu konservativ veranlagten Nostalgiker nicht gefallen mag – die Sky Bar im letzten Stock des Stucky Molino Hilton ist ein echter Hotspot! Und der Hilton-Gruppe ist es trotz aller Querelen in der Vorgeschichte gelungen, eine Location zu schaffen, die von sich behaupten darf, ein modernes Venedig zu repräsentieren, ohne das alte Venedig zu erdrücken (www.molinostuckyhilton.de).

66__Die Villa Herriot

Wo man die Seele baumeln lassen kann

Die Giudecca ist eine eigene verwunschene Welt fernab vom Touristenrummel zwischen Rialto und San Marco. Wenn man nicht wüsste, dass man sich auf einer Insel befindet, die im Volksmund »spina longa« genannt wird, könnte man sich auch in irgendeinem verschlafenen norditalienischen Dorf wähnen.

Einer der besonders ruhigen Flecken ist der Garten der Villa Herriot, eigentlich Sitz einer Volksschule und einer internationalen Kunstuniversität, aber wenn man freundlich fragt und sich dezent verhält, darf man auch als Gast die unglaubliche Magie des Ortes genießen.

Die Villa Herriot geht auf das Jahr 1929 zurück und ist ein neobyzantinischer – von manchen auch als neogotisch bezeichneter – Bau, verborgen im Gassengewirr hinter der Zitelle. Die Villa besteht aus zwei Bauten, von denen man, solange man sich entsprechend diskret verhält, den vorderen sogar betreten darf. Überraschend ist die Gestaltung der Halle, welche eher einem kleinen Jagdschloss gleicht denn einem venezianischen Patrizier-Sitz. An den Wänden hängen verschiedene Waffen, den optischen Mittelpunkt bildet eine schöne Statue, die den Erzengel Michael darstellt. Die Villa wurde seinerzeit für den Franzosen Herriot als Ferienhaus erbaut. 1947 überließ die Witwe Herriot der Stadt das Anwesen mit der Auflage, es zu einer Schule umzufunktionieren – deshalb wurde hier die Grundschule Carlo Goldoni eingerichtet. Und auch die »Università Internationale dell'Arte« (UIA, eine auf Restaurierungen spezialisierte Universität) sowie die »Società Europea di Cultura« (Europäische Kulturgesellschaft) erweisen dem letzten Willen der Dame Herriot Ehre.

Der unstrittig wichtigste Grund, warum sich ein Herkommen lohnt, ist die traumhafte Gartenanlage, von welcher aus man einen herrlichen Blick auf die südliche Lagune hat, der den Eindruck erweckt, dass einem das Meer buchstäblich zu Füßen liegt.

Adresse Villa Herriot, Calle Michelangelo 54/P, Giudecca, 30133 Venedig | **Öffnungszeiten**
Mo–Fr 10–13 Uhr | **Vaporetto fermata** Zitelle, Linie B, 2, 4.1/4.2, 8, Nachtlinie N | **Tipp**
Unbedingt besuchenswert ist auch der Gemüsegarten des Kapuzinerklosters, der Eingang ist
links hinten neben der Redentore-Kirche – der Garten ist nach freundlicher telefonischer
Anmeldung zu besichtigen (Tel. 0039/415224348).

67 Die Chiesa di San Gerardo

Ist Venedig doch eine normale Stadt?

Die Insel Sacca Fisola ist neueren Datums, denn wie auf alten Stadt-plänen zu erkennen ist, gab es sie im 19. Jahrhundert noch gar nicht – lediglich Salzwiesen konnte man hier vorfinden. Sacca Fisola ent-stand durch Aufschüttung (»sacca« ist die Bezeichnung für eine durch künstliche Aufschüttung entstandene Insel).

Ein Venedig fernab aller Touristenströme. Hier findet man Le-bensmittelgeschäfte, Textilläden, Fußballfelder (siehe Bild), einfache Bars, die nicht zum Sparen zwingen, Geschäfte mit Waren für den Alltag und alles, was eine ganz normale italienische Kleinstadt halt sonst auch ausmacht. Und sogar Lkws dürfen ab und an auf Sacca Fisola fahren … aber auch nur, um den Wochenmarkt zu beliefern; in Venedig ist das eine Besonderheit.

Eine weitere Besonderheit ist die Chiesa di San Gerardo, nicht in künstlerischer oder architektonischer Hinsicht, aber immerhin in historischer – weil sie ein im Zuge der Bebauungsmaßnahmen der 1970er Jahre entstandenes Beispiel dafür ist, dass selbst Venedig nie-mals vor Bausünden sicher sein konnte und wohl auch in Zukunft nicht sein wird.

Es mag beunruhigen, dass nicht einmal diese Stadt vor nur we-nig attraktiven Gebäuden gefeit ist, andererseits darf auch Venedig sich verändern, modernisieren und mit der Zeit gehen – wie jede an-dere Stadt auch; sonst werden noch mehr Einheimische abwandern. Lamentieren tun meist nur die Fremden, doch die leben nicht hier und genießen in den Hotels alle Annehmlichkeiten der Neuzeit. Venedig hat und wird sich immerzu verändern – wie jede (Hafen-) Stadt; gut so! Und wie es sich verändert, das muss man schon den Ve-nezianern selbst überlassen, denn es ist immerhin (noch) ihr Domi-zil.

Andererseits sollte man überwältigende Schönheit auch mög-lichst bewahren, denn wie meinte noch Torbergs Tante Jolesch tref-fend: »Alle Städte sind gleich, nur Venedig ist ein bisserl anders!«

Adresse Chiesa di San Gerardo, Campo san Gerardo/Campiello Chiesa, Giudecca/Sacca Fisola, 30133 Venedig | **Vaporetto fermata** Sacca Fisola, Linie 2, 4.1/4.2, 8, Nachtlinie N | **Tipp** Ein weiteres schönes Indiz dafür, dass Venedig auch eine ganz »normale« Stadt sein kann, ist das auf der Insel Sacca Fisola befindliche öffentliche Hallenbad (Piscina Comunale), das allerdings einen kleinen Haken hat: Es verfügt nur über ein Becken für Schwimmer und ist daher weder für Nichtschwimmer noch für Kleinkinder geeignet (Tel. 0039/415285430).

68__Der Löwe und die Venus
Ein Fresko erzählt von der Stadtgeschichte

Am Campiello del Teatro in Saca befindet sich an einer Hausfassade ein bemerkenswertes Fresko, auf dem ein geflügelter Löwe und ein junges Mädchen das Szenario bestimmen. Seltsam ist das leere, fast gespenstische Antlitz des Löwen, das maskenhaft, seelenlos und weltentrückt wirkt. Und der Löwe scheint nicht nur die Sonne abdecken zu wollen, sondern eine um Hilfe flehende Venus zu dominieren – tatsächlich hat sich dies in der realen Stadtgeschichte so zugetragen. Das heutige Wahrzeichen der Stadt ist nicht mehr die Venus, sondern der Löwe, das Attribut des Evangelisten Markus.

Die Legende besagt, dass das heutige Venedig am 25. März 811 unter dem Zeichen der Venus (siehe Seite 184) gegründet wurde. Venus war die Tochter des Mondes und die Schwester der Sonne; ihre Mutter war Herrscherin über die Unterwelt, das Wasser der Lagune und das darin vermutete Krokodil. Deshalb hat Venedig sich so viel Mühe gegeben, die Gebeine des heiligen Markus zu finden, denn der Name Markus hat indogermanische Wurzeln: »Makara« nämlich … und das heißt Krokodil!

Seit 828 ruhen die Reliquien des Evangelisten nun in Venedig; die Serenissima nannte sich fortan Serenissima Repubblica di San Marco und führt seither den Markuslöwen im Wappen.

Und so erklärt sich das Fresko: Markus, der Schutzheilige von Venedig, wird am 25. April gefeiert, wenn die Sonne (diese wird meist von einem Löwen symbolisiert – daher steht der Löwe auf dem Fresko in der Sonne) ins Sternbild Stier tritt (neben der Venus ist ein Stier zu sehen), das von der Venus gestützt wird.

Die Venus steht auch für das Sternzeichen der Jungfrau, ergänzend dazu sind die anderen Sternzeichen auszumachen. Betrachtet man nun das soziale Umfeld hier auf der Giudecca, dann wird einem klar, dass dieses Sternzeichen-Fresko Kritik an der Stadt Venedig übt – denn der Löwe ist nicht nur gesichtslos, sondern auch blind!

Adresse Campiello del Teatro in Saca, Giudecca/Sacca Fisola, 30133 Venedig (das Fresko an der Hauswand ist nicht zu übersehen) | **Vaporetto fermata** Sacca Fisola, Linie 2, 4.1/4.2, 8, Nachtlinie N | **Tipp** Am Palazzo Agnusdio am Fondamenta Pesaro 2060 in Santa Croce sind auf Reliefs alle vier Evangelisten mit ihren Attributen dargestellt: Markus (Löwe), Johannes (Adler), Lukas (Stier) und Matthäus (Mensch/Engel).

69_ Die alte Frau mit Mörser

Dieses Hochrelief erinnert an eine Verschwörung

Die Mercerie ist Venedigs bekannteste Einkaufsstraße und wird tag-täglich von Tausenden Passanten durchstreift. Doch während die Auslagen der Luxus-Lables ausgiebig bestaunt werden, wird von fast allen Menschen das interessante Hochrelief an der Ecke zum Soto-portego del Cappello übersehen. Es zeigt eine alte Frau mit einem Mörser und wurde 1861 von einer gewissen Elia Vivante Mussati in Auftrag gegeben und an der Hauswand angebracht, um an folgen-des Ereignis zu erinnern: Die Familie Tiepolo plante am 15. Juni 1310 zusammen mit den Querini und anderen Adelsfamilien eine von Bajamonte Tiepolo angezettelte Verschwörung (siehe Seite 208) mit dem Ziel, den Dogen Pietro Gradenigo zu stürzen. Die Ver-schwörer wurden aber verraten und von den Milizen des Dogen be-reits am Markusplatz empfangen und in ein Gefecht verstrickt. Schließlich musste sich die verschworene Gemeinschaft geschlagen geben und den Rückzug antreten. Doch als die Flüchtlinge durch die Mercerie kamen, wurden sie von einer alten Frau namens Lucia Rossi erkannt. Diese dem Dogen treue Dame ließ daraufhin ihren riesigen bronzenen Mörser von ihrem Balkon auf die Verschwörer fal-len, wodurch Querini, Tiepolos Fahnenträger, tödlich am Kopf ver-letzt wurde.

Geschäftstüchtig, wie die Venezianer nun einmal sind, zögerte die Dame nicht, eine adäquate Belohnung einzufordern. Zum einen wollte sie die Erlaubnis, jedes Jahr am 15. Juni sowie an hohen staat-lichen Feiertagen die Markusfahne hissen zu dürfen, zum anderen erbat sie sich, dass ihr und ihren Töchtern die Miete nicht mehr er-höht werden dürfe. Der Doge kam den Forderungen entgegen – mehr noch, er dehnte diese Privilegien sogar auf *alle* zukünftigen Nachfahren der Frau aus.

Noch 500 Jahre später war besagte Elia Vivante Mussati glück-liche Nutznießerin der Privilegien und ließ aus Dank das Hofrelief anbringen, welches die alte Frau zeigt, wie sie den Mörser wirft.

DDI XV GIVGNO MCC

Adresse Mercerie, an der Ecke zum Sotoportego del Cappello, San Marco, 30124 Venedig |
Vaporetto fermata San Marco, Linie A, 1, 2, 10, Nachtlinie N | Tipp Auf dem Fahnenmast
des Campo San Luca sind Symbole zu erkennen, welche ebenfalls mit der Tiepolo-
Verschwörung zu tun haben; es handelt sich nämlich um die Wappen zweier (weltlicher)
Bruderschaften, die zum Scheitern der Verschwörung beitrugen: die »Scuola della Carità«
(Schule der Barmherzigkeit) und die »Scuola dei Pittori« (Schule der Maler).

70__Das Bistrot de Venise
Castradina und historische Rezepte

Dem versierten Kenner der venezianischen Gastronomie wird das edle Bistrot de Venise sicher ein Begriff sein. Vor einigen Jahren hatte man hier beschlossen, eine Küchenstilistik zu restaurieren, die bis dato in Venedig verschwunden war: die historischen Gerichte der Dogen und Patrizier nämlich.

Neu interpretierte Rezepte aus dem Kochbuch eines (unbekannten) venezianischen Kochs sowie die Kochkunst Bartolomeo Scappis bilden dabei das Zentrum des Geschehens und werden ergänzt von Rezepten anderer legendärer venezianischer Köche des 14. bis 18. Jahrhunderts. So nimmt das Bistrot de Venise seine Gäste mit auf eine einzigartige kulturhistorische Zeitreise durch die Töpfe Venedigs und lässt die Düfte und Aromen der Serenissima wieder aufleben.

Ein besonderes Festmahl kann man am 21. November, dem Tag der Madonna della Salute, erleben, denn dieser wird mit dem traditionellen »castradina« gefeiert, einem deftigen Eintopf aus gesalzenem, leicht geräuchertem und luftgetrocknetem Hammelschinken, einer Spezialität der südlichen dalmatinischen Küste, von wo das Gericht auch stammt. Der Eintopf ähnelt optisch einem Irish Stew und wird stundenlang über leisem Feuer geköchelt, bis er herrlich nach Thymian duftet. Ein weiterer Klassiker in zeitgemäßer Aufmachung ist auch die »anatra arrosto con la salsa peverada«, eine im Ofen geschmorte Wildente mit köstlich-aromatischer Lebersoße.

Weil Genuss in Venedig oftmals gleichbedeutend mit »gut und teuer« war, ist die Konzeption des Lokals eindeutig auf ein Publikum ausgerichtet, das die rechte Spalte der Speisekarte gerne vornehm ignoriert. Aber auch das entspricht der Mentalität des reichen Venedigs, denn man hatte hier nicht nur Freude am Geldverdienen, sondern stets auch daran, es möglichst stilvoll und publikumswirksam wieder auszugeben … Ein Konzept, das auch Casanova gut gefallen hat.

Adresse Calle dei Fabbri, San Marco 4685, 30124 Venedig, Tel. 0039/415236651, www.bistrotdevenise.com | **Öffnungszeiten** täglich 12 – 15 und 19 – 24 Uhr | **Vaporetto fermata** Rialto, Linie A, 1, 2, Nachtlinie N | **Tipp** Der Castradina ist eng verbunden mit der Geschichte der Kirche »Madonna della Salute« in Dorsoduro. Mitte des 17. Jahrhunderts wütete die Pest, die einst so lebendige Stadt wurde fast ausgerottet. Im Jahr 1631 wurde versprochen, eine Kirche zu errichten, wenn der Himmel helfen würde. Nach dem Ende der Pest wurde eine Barackensiedlung abgerissen und die Votivkirche »Madonna della Salute« errichtet, die nach 20 Jahren Bauzeit an einem 21. November eingeweiht wurde. Bis heute wird dieser Festtag jährlich begangen.

71__Die Cucina da Mario
Kantine der Gondolieri

Wenn man die urige Cucina da Mario mittags besucht, so wird man (meistens zumindest) die Gelegenheit haben, zusammen mit Gondolieri sein »pranzo« (Mittagessen) einzunehmen, denn für diese ist das da Mario fast so etwas wie eine Kantine; ein schönes Erlebnis, denn die Gondolieri verbreiten eine einzigartige Stimmung – und das ganz ohne die üblichen »prezzi salati« (gesalzenen Tarife), die für eine Gondelfahrt zu berappen sind. Überdimensionierte Weinflaschen, die auf fast allen Tischen auszumachen sind, werden sicher das Ihrige zur guten Laune der in rot-weiß oder blau-weiß gestreifte Hemden gewandeten Gäste beitragen.

Wer nun glaubt, dass die Gondolieri diese Hemden rein zufällig wählen, der irrt – in Venedig ist vieles vorgeschrieben, so auch die Kleidung dieser Zunft. Im sogenannten »Regolamento Comunale per il Servizio Pubblico di Gondola«, der städtischen Verordnung für den öffentlichen Dienst der Gondeln, findet man unter Artikel 23 die Anweisungen für die Uniformierung. Die Gondolieri müssen sich demnach standesgemäß kleiden:

Während der Wintersaison sind lange Hosen ohne seitliche Taschen in dunkelblauer oder schwarzer Farbe und Seemannsblusen von dunkelblauer oder schwarzer Farbe vorgeschrieben; das Tragen eines weichen Baretts mit oder ohne Pompon (Bommel) oder einer Pudelmütze der gleichen Farbe ist erlaubt; es ist außerdem gestattet, im Falle besonderer Kälte eine schwarze oder dunkelblaue Jacke sowie bei Regen eine »cerata in tinta« (Regenjacke) zu tragen.

Während der Sommersaison muss der Gondoliere ebenfalls lange Hosen in dunkelblauer oder schwarzer Farbe tragen, dazu ein weißes Leinenhemd nach Seemannsart oder eine maglietta (T-Shirt, Hemd) mit horizontalen roten oder blauen Streifen von 2 bis 2,5 Zentimeter Breite; Strohhut mit Band und Einfassung in der gleichen Farbe wie das Hemd. In jedem Fall zu tragen sind geschlossene schwarze Schuhe.

Adresse Fondamenta della Prefettura, San Marco 2614, 30124 Venedig, Tel. 0039/415285968 | **Öffnungszeiten** 10.30–15 und 18.30–22 Uhr | **Vaporetto fermata** Giglio, Linie A, 1 | **Tipp** Das Ristorante ai Gondolieri in Dorsoduro 366 hat außer dem Namen nicht viel mit den Gondolieri gemeinsam. Das auf venezianische Fleischgerichte spezialisierte Lokal ist aber eines der besten von Venedig.

72 __ Die Fiorella Gallery
Die Kunst der Provokation

»Kleider sind wie Masken: Sie schützen uns vor der Realität!«, sagt Fiorella Mancini, die am Campo Santo Stefano eine skurril-provokante Mischung aus Galerie, Boutique und Modesalon unterhält. Die nicht gänzlich unumstrittene Designerin ist eine der schillerndsten Figuren der Gegenwartskunst. Fiorella Mancini macht nicht einfach nur exzentrische Mode, sie gibt mit ihren Kollektionen politische Statements ab – vor allem zu Themen, die ansonsten in Venedig eher tabu sind. So engagiert sich Fiorella beispielsweise für die endgültige Akzeptanz der Homosexualität in unserer Gesellschaft; 2005 hielt sie in ihrer Galerie eine »Anti-Biennale« ab, bei der sich unter einer schrillen Neonleuchte mit der Aufschrift »Bed & Breakfeast« zwei Männer in Unterhose fünf Tage auf einem Bett im Schaufenster räkelten und somit eine alternative Reality Show boten.

Eines der Lieblingsmotive der experimentierfreudigen Designerin sind Ratten. Zu diesen Nagetieren hat nicht nur die Künstlerin, sondern auch die Stadt Venedig eine ganz besondere Beziehung. Ratten finden sich auf Fiorellas Jacken, Unterhosen oder Mänteln wieder, und wie bei einem rheinländischen Karnevalsumzug fuhr Mancini eines Tages mit einem Boot, auf dem eine überdimensionierte Ratte saß, durch Venedigs Kanäle: Sie will damit gegen die Umweltverschmutzung in der Stadt protestieren und gegen den Filz der Korruption. Überall hätten längst die Ratten die Herrschaft übernommen, sagt sie.

In Venedigs Kanälen sicher, es kommen laut jüngsten Schätzungen rund fünf Ratten auf einen Venezianer. Die kleinen oder größeren Nager sind äußerst anpassungsfähig und haben sich perfekt an das Leben im undurchsichtigen Kanalsystem der Stadt gewöhnt – und die aufgrund von Sterilisierungen immer weniger werdenden Katzen sind dem großen Heer an Ratten nicht mehr gewachsen, was durchaus wörtlich verstanden werden darf.

Adresse Campo Santo Stefano, San Marco 2806, 30124 Venedig, Tel. 0039/415209228, www.fiorellagallery.com (aktuelle Provokation: die Dogen als Ladyboys) | **Öffnungszeiten** Mo–Sa 10.30–19 Uhr | **Vaporetto fermata** Accademia, Linie 1, 2, Nachtlinie N | **Tipp** Am Ende der Calle del Traghetto in Cannaregio, genau gegenüber dem Canal Grande, steht ein zylindrischer Steinsockel, auf dem eine Ratte mit der Jahreszahl 1644 eingemeißelt wurde. Das »Kunstwerk« ist neueren Ursprungs und will darauf hinweisen, dass die Ratten seit Jahrhunderten zur Geschichte der Stadt gehören – der Legende nach kamen die Ratten per Schiff aus fernen, von der Pest befallenen Ländern und waren demnach auch für die Pestepidemien der vergangenen Jahrhunderte verantwortlich.

73__Der goldene Kopf
Wächter über die Himmelsarznei

Am Fuße der Rialtobrücke, da wo sich Nippesgeschäfte und Souvenirstände dicht an dicht aneinanderreihen, kann man auf der Seite der San-Bartolomeo-Kirche einen goldenen Kopf ausmachen, der frei in der Luft zu schweben scheint. Dieser Goldkopf ist eigentlich eine Bronzefigur und war das Wahrzeichen der ehemaligen Apotheke »Alla Testa d'Oro«.

In Zeiten, als nur wenige lesen konnten, sollte der mit einem Lorbeerkranz geschmückte Kopf (wahrscheinlich soll er Neros Leibarzt Andromachos darstellen) gut sichtbar zu erkennen geben, dass man hier über goldenes Wissen verfügte. Die strengen Gesichtszüge mit dem ernsten Blick eines Leibwächters vermitteln sehr deutlich, dass man zudem bestrebt war, das geheimnisumwobene Geheimrezept für das Wundermittel schlechthin zu hüten und zu bewahren. An der Wand lässt sich noch das Fragment einer Schrift erkennen, die verrät, was hier unter strengster Geheimhaltung produziert wurde: »Theriaca andromachi« – die berühmte Himmelsarznei, das sagenumwobene Theriak (siehe Seite 166), mit dem alle Krankheiten geheilt werden konnten.

Die Apotheke war seit 1603 auf die Zubereitung dieser Arznei spezialisiert, dem Vernehmen nach wurde hier der beste Theriak der Stadt hergestellt. Aus diesem Grund erhielt die Apotheke zum goldenen Kopf auch die Erlaubnis, das einzigartige Arzneimittel, welches nach einem unglaublich komplizierten Ritus hergestellt wurde, gleich dreimal pro Jahr zuzubereiten – allen anderen war dies nämlich nur einmal jährlich gestattet.

Nach dem Untergang der Republik Venedig 1797 war die Apotheke dann die einzige, die die Himmelsarznei bis Ende des vorigen Jahrhunderts weiter produzierte, allerdings musste nach 1940 das im Originalrezept vorhandene Opium gestrichen werden … sehr zum Leidwesen der Patienten, denn Opium ist bekanntlich schmerzlindernd. Heute ist auch das letzte Refugium des Theriaks Geschichte.

Adresse Salizada Pio X, Rialto, San Marco, 30124 Venedig | **Vaporetto fermata** Rialto, Linie 2, Nachtlinie N | **Tipp** Eine sehr schön erhaltene, bis heute in Betrieb befindliche historische Apotheke ist die Antica Farmacia Santa Fosca in der Strada Nuova 2233 – neben der Spezeria all'Ercole d'Oro.

74__Die heilige Brustwarze

Eine halb entblößte Maria Magdalena

Die Kirche Santa Maria del Giglio ist an sich schon eine Kuriosität, denn bereits beim Betrachten der phantasievoll gestalteten Fassade wähnt man sich mehr vor einem Universitäts- oder Handelskammer-Gebäude denn vor einem heiligen Ort. Besonders die Stadtpläne, welche die wichtigsten Handelspartner von Venedig skizzieren, würde man an solch einer Stelle wohl kaum vermuten. Die Kirche Santa Maria del Giglio ist Sitz des Ritterordens vom Heiligen Grab, dessen Hauptaufgaben es sind, die Interessen der katholischen Kirche in Jerusalem zu vertreten und über die in Notre-Dame aufbewahrte Dornenkrone Jesu zu wachen – das Ordens-Kreuz sieht man an der Eingangstür.

Betritt man nun die seltsame Kirche, so sollte man nicht den Fehler begehen, die sehenswerten Gemälde der Evangelisten hinter dem Altar zu vergessen, unter denen sich mit den Darstellungen des heiligen Markus und des heiligen Matthäus auch zwei Gemälde von Tintoretto befinden.

Im Reliquiensaal rechts des Eingangs sind einige sehenswerte Artefakte ausgestellt, von denen das Stück Schleier der Heiligen Jungfrau wohl das interessanteste ist. Besonders bemerkenswert ist auch die Elfenbeinskulptur der Maria Magdalena zu Füßen des Jesu-Kreuzes, nicht nur wegen ihres (trotz Trauer) fast sinnlich-erotischen Blicks, sondern wegen der entblößten linken Brustwarze.

Maria Magdalena wurde insbesondere in der Barockzeit gerne als Gegenbild zur keuschen Maria dargestellt, meist in Form der schönen, reuigen Sünderin. Aber nicht zuletzt diente sie – wie Eva – Künstlern als Vorwand, eine erotische, nackte Frau mit allen weiblichen Attributen in mehr oder weniger aufreizender und sexuell erregender Form auch in der christlichen Kunst zu zeigen. Und so wurde Maria Magdalena oft als das Weib schlechthin dargestellt; mit wilden Haaren, funkelnden Augen, verführerischem Körper, erotisch, lüstern, sinnlich und nackt, wie Gott sie schuf.

Adresse Santa Maria del Giglio, Campo Santa Maria del Giglio, San Marco, 30124 Venedig (Reliquiensaal) | **Öffnungszeiten** Mo–Sa 10–17 Uhr | **Vaporetto fermata** Santa Maria del Giglio, Linie A, 1 | **Tipp** Im gleichen Reliquiensaal kann man auch das wunderschöne Rubens-Bild »Jungfrau mit Kind und dem Johannesknaben« bestaunen, das einzige Bild des Künstlers in der Stadt – die üppige, wohlgeformte, freigelegte linke Brust der Jungfrau wirkt derart sinnlich und erotisch, dass es schwerfällt, zu glauben, dass der Künstler hier nur an das Stillen des Kindes gedacht haben soll …

75_Der Hochaltar

Tanz ums Goldene Kalb

Die Chiesa San Moisè ist eine der ältesten Kirchen von Venedig und wird bereits im 8. Jahrhundert erwähnt. 947 erfolgte ein Umbau durch den Patrizier Moisè Valier, der das Gotteshaus nach seinem Namenspatron Moses umbenannte. Die Kirche fiel immer wieder Bränden zum Opfer, das letzte Mal musste sie 1632 von Grund auf erneuert werden. Geblieben ist aber ihr Name und die mit Moses zusammenhängende alttestamentarische Geschichte, die das für eine Kirche doch ziemlich ungewöhnliche Relief am Altar erklärt.

Der geneigte Kirchenbesucher wird mit Sicherheit etwas überrascht sein, ausgerechnet auf einem Altar derart provokante Darstellungen der berühmten Geschichte vom Goldenen Kalb wiederzufinden. Auf der rechten Seite des Altars tanzt eine ausgelassene Schar um das Götzenbild (Goldenes Kalb), in der Mitte sieht man zwei musizierende Frauen, wobei eine der beiden eindeutig ein Rhythmusinstrument in der Hand hält – das ist insofern bedeutend, weil Rhythmusinstrumente in der Antike fast ausschließlich von Frauen während der sogenannten Symposien (Umtrunk, Orgie) gespielt wurden. Den Bezug zum ausschweifenden Symposium findet man auch auf der linken Seite des Altars, wo das Relief eine in orgiastischer Trance befindliche Hetäre zeigt, hinter der einige Herrschaften ausgelassen zechen und schlemmen.

Es mag nun nicht überraschen, dass man diese mit Moses in Zusammenhang stehende Geschichte in einer ihm geweihten Kirche findet – doch dass es auf dem Altartisch keinen einzigen Hinweis auf Moses selbst, den Berg Sinai, die Gesetzestafeln oder die Zehn Gebote gibt (sie allesamt sind an der Wand hinter dem Altartisch angebracht) und stattdessen die ausgelassene Orgie rund um das Goldene Kalb verherrlicht wird, ist dann doch mehr als bemerkenswert. Irgendwie passt der Altar zu Venedigs kirchen- und papstkritischer Haltung und zum entspannten Umgang mit Religion, die hier offenbar weit weniger restriktiv ausgeübt wurde, als es die Amtskirche gerne gesehen hätte.

Adresse Chiesa San Moisè, Salita San Moisè, San Marco, 30124 Venedig (Relief auf dem Hochaltar) | **Öffnungszeiten** Mo–Sa 9.30–12.30 und 13–16.30 Uhr, So 9.30–11 Uhr und 13–18.30 Uhr | **Vaporetto fermata** San Marco, Linie A, 1, 2, 10, Nachtlinie N | **Tipp** Man wird in der Kirche San Moisè noch weitere Überraschungen erleben, wenn man sich genau umsieht – so sind die Chorstühle rund um den Altar mit barbusigen Damen verziert, das berühmte Tintoretto-Gemälde »Fußwaschung« strahlt eine deutliche Erotik aus, ausgelassene Damen spielen barbusig mit ihren Reizen, und in sexueller Ekstase befindliche Männer ringen um einen Platz an der verführerischen weißfleischigen Rundung. Wie stand noch in der Bibel geschrieben? Das Volk setzte sich zum Essen und Trinken und stand auf, um sich zu vergnügen …

76 Das Liebespaar

Ein steinernes Buch am Dogenpalast

Der Dogenpalast war nicht nur das Regierungszentrum und Symbol der Größe und Macht Venedigs, sondern funktionierte auch als eine Art Bilderbuch, mit dem man die Bevölkerung, welche zumeist des Lesens und Schreibens nicht mächtig war, über wichtige Dinge und Zusammenhänge zu unterrichten suchte. Der Palast ist mit 600 Kapitellen geschmückt, die die Geschichte der Schöpfung erzählen und dabei durch Allegorien moralische Lektionen erteilen, kleinere zusammenhängende Geschichten und Mythen erzählen, Heiliges wie Profanes darstellen sowie natürlich die Erhabenheit Gottes widerspiegeln.

Die biblischen Ecksculpturen (Der Sündenfall von Adam und Eva, Die Trunkenheit Noahs und Das Urteil des Salomon) sind größer als alle anderen, weil sie die politische Richtung der Republik betonen, die sich auf den christlichen Glauben stützt.

Die kleineren Kapitelle im Bogengang sind mitunter sehr viel profaner, auf ihnen werden beispielsweise Vögel und ihre Beute dargestellt, wichtige Könige und Kaiser, schöne römische Frauen, die Völker der Erde, die von den sieben Weisen verkörperten Künste (Grammatik, Arithmetik, Dialektik, Rhetorik, Geometrie, Musik, Astronomie), die Planeten, Handwerk, Monate oder Früchte.

Natürlich fehlen auch die sieben Todsünden nicht, welche durch Allegorien dargestellt werden: Völlerei mit Keule und Wein, der Zorn reißt sich die Kleiber vom Leib, für den Geiz klammert sich eine alte Frau an Geldbeutel, Faulheit wird von Apathie beherrscht; die Eitelkeit von Blumen umgeben und dabei wütend vom Neid beobachtet … ja, und die Wollust wird von einer jungen Frau dargestellt, welche ihren Busen entblößt, während sie sich im Spiegel bewundert.

Und auch der Reigen des Lebens wird dargestellt: wie der Mann um die Frau wirbt, wie sie sich lieben und was daraus entsteht … Kinder nämlich, die als Stammhalter dienen.

Adresse Dogenpalast, Piazzetta San Marco, San Marco 1, 30124 Venedig | Vaporetto fermata San Marco, Linie A, B, R, 2, 10 | Tipp Ende des 19. Jahrhunderts hat man die 42 Kapitelle (13 im Außenbogen, 29 in der Loggia) durch Kopien ersetzt – die echten Kapitelle kann man heute im Museo dell'Opera des Dogenpalasts bestaunen (täglich, außer an hohen Feiertagen, 9–18 Uhr geöffnet).

77__Die Lord-Byron-Gedenktafel

Die amourösen Abenteuer des Poeten

Im Jahre 1818 mietete der damals schon berühmte Dichter Lord Byron den Palazzo Mocenigo, wo er zwei Jahre verweilen und ein von Skandalen umwittertes Leben führen sollte. Im September des Jahres zog er mit 14 Hausangestellten, acht Hunden, fünf Katzen, zwei Affen, einem Fuchs und ungezählten in Volieren eingepferchten Vögeln ein. Die folgenden Jahre waren beherrscht von einem aufregenden Leben, das primär von wilden Eskapaden, ausschweifenden Sexorgien, verbotenen Liebschaften und ungezählten Affären bestimmt war.

Seine amourösen Abenteuer waren stadtbekannt, und der Charme Byrons brach die Herzen der Damenwelt – kaum eine, die sich der Avancen des smarten Engländers erwehren konnte! Schon bald witzelte man darüber, dass der Palazzo zwei Eingänge hat; einen für die Mädchen aus Cannaregio und einen für die aus Castello.

Der damals 30-jährige Lord Byron machte aber nicht nur mit seiner Lendenkraft von sich reden, sondern war auch für seinen exzentrischen Lebensstil berühmt. Abgesehen von rauschenden Festen organisierte der sportbegeisterte Dichter auch Wettkämpfe, wie zum Beispiel einen Schwimmwettbewerb, der vom Lido herein und durch den gesamten Canal Grande führte. Auf dem Lido durfte er mit Genehmigung des österreichischen Gouverneurs übrigens Pferde halten, und Byron wurde nicht müde, damit zu prahlen: In Venedig befänden sich außer den Pferden an der Markusbasilika nur die seinen.

Lord Byron hat, um seinen Ruf als Enfant terrible zu dokumentieren, alle seine Eskapaden in Form von Briefen an Freunde festgehalten. Aber abgesehen von alledem hat er auch gearbeitet und viel geschrieben, wobei er sich von Venedigs Lokalkolorit inspirieren ließ. Das schönste Werk dieser Schaffensepoche ist sicherlich das Theaterstück »Die zwei Foscari«, das später auch als Libretto zu Verdis gleichnamiger Oper diente.

Adresse Palazzo Mocenigo (il Nero), Calle Mocenigo Casa Nova, San Marco, 30124 Venedig (Gedenktafel ist nur vom Canal aus zu sehen) | **Vaporetto fermata** Sant'Angelo, Linie A, 1 | **Tipp** Wenn man mit dem Vaporetto am Palazzo Mocenigo vorbeifährt, kann man schräg gegenüber – leicht in einen Seitenkanal zurückversetzt – die Terrasse ausmachen, auf der in den Brunetti-Verfilmungen die Familie zu speisen pflegt.

QVI
ABITO
LORD BYRON

DAL 1818
AL 1819

A CVRA DEL COMVNE DI VENEZIA
DEL BRITISH COVNCIL
E DELLA BYRON SOCIETY DI LONDRA

78__Der Mann ohne Arme
Eine seltsame Gravur

Der Palazzo Loredan ist einer der am besten erhaltenen venezianisch-byzantinischen Paläste am Canal und ein typischer Fondaco (Palast mit Warenlager und Bögen an der Wasserfront). Die Fassade wirkt durch die vielen Bögen sehr leicht, jede freie Stelle ist mit buntem Marmor dekoriert.

An der zweiten Säule von links an der Vorderseite des Palazzo kann man eine Gravur ausmachen, die einen Mann mit einer langen Pfeife darstellt. Bei näherer Betrachtung fällt auf, dass der Mann keine Arme hat; dahinter verbirgt sich folgende Sage: Vor dem Palazzo Loredan verweilte des Öfteren ein Fischer namens Biagio, ein guter und geachteter Mann, um sich etwas Geld dazuzuverdienen. In den spärlichen Pausen saß er gerne am Canal, um in aller Ruhe eine Pfeife zu rauchen. Eines Abends sah der Fischer, dass sich das Wasser unter einer vorbeifahrenden Gondel rot färbte. Aus dem Wasser sah man zwei kräftige schwarze Arme mit Krallen kommen – kein Zweifel, der Teufel höchstpersönlich! Der verängstigte Gondoliere suchte sein Heil in der Flucht, während der Teufel versuchte, die zwei Mädchen, welche sich im Inneren des Felze (kleine Kabine in der Mitte der Gondel) aufhielten, zu entführen. Biagio warf seine Pfeife ins Wasser und schrie dem Satan mit ausgebreiteten Armen – sodass er in Gestalt eines Kreuzes dastand – zu, dass er ihn statt der Kinder mitnehmen solle. Satan verspottete den Fischer, weil der es gewagt hatte, mit seinen Armen ein Kreuz nachzuahmen, und antwortete, dass er die Kinder nur freilasse, wenn seine Arme die ganze Welt umfassen könnten.

Sobald der Teufel diese Worte von sich gab, trennten sich Biagios Arme wie von Zauberhand geführt vom Körper, ohne dass der Fischer dabei Schmerzen empfand. Eine Schar von Cherubimen kam, nahm die Arme und flog mit der Opfergabe davon. Wie vom Schlag getroffen ließ der Teufel sowohl von den Kindern als auch von Biagio ab und verschwand.

Adresse Palazzo Corner Piscopia Loredan, Riva del Carbon, San Marco, 30124 Venedig |
Vaporetto fermata Rialto, Linie A, 1, 2, Nachtlinie N | **Tipp** An der Wand von Ca' Loredan
befindet sich eine Gedenktafel, die an Elena Lucrezia Cornaro Piscopia erinnert, die hier
1646 geboren wurde – sie hat als erste Frau am 25. Juni 1678 die Hochschule abgeschlossen
und gilt daher als die erste Akademikerin.

79__Der Mörser-Abdruck

Erinnerung an die Himmelsarznei

An der Ecke zwischen dem Campo Santo Stefano und der Calle del Spezier (spezier da medicina = Apotheke auf Venezianisch) kann man direkt gegenüber der Apotheke einen kreisrunden Abdruck auf dem Boden erkennen. An dieser Stelle befand sich einst ein großer Mörser, der für die Zubereitung des Theriak – der Himmelsarznei, die gegen alle möglichen Krankheiten geholfen haben soll – benötigt wurde. Theriak durfte nicht jeder herstellen, gerade einmal 40 der damals 90 venezianischen Apotheken war es erlaubt. Das Heilmittel wurde auf der Straße in einem überdimensionierten Bronzemörser zubereitet, und an der Stelle, an der er einst stand, ist heute noch dieser Abdruck zu sehen.

Um die Qualität des Theriak zu schützen, gab es seitens der Republik strenge Auflagen – so durfte Theriak nur unter Aufsicht des Gesundheitsamtes hergestellt werden, und alle verwendeten Ingredienzien mussten drei Tage lang dem Blick der Öffentlichkeit preisgegeben werden, was ein Spektakel war, denn einer der Hauptbestandteile waren lebende Vipern. Diese wilden Tiere waren übrigens auch namensgebend, denn Theriak stammt vom altgriechischen »th ríon« ab, das eben »wildes Tier« bedeutet.

Im ersten vorchristlichen Jahrhundert entwickelte Mithridates, König von Pontos, aus 46 Ingredienzien zum ersten Mal ein Rezept für den Wundertrunk. Sein Grundrezept wurde von Neros Leibarzt Andromachos um 25 weitere Zutaten ergänzt. Kriton, Leibarzt von Trajan, gab dem Heilmittel den Namen Theriaca, und der Arzt Galenus (131–201) besorgte schließlich die Verbreitung.

Die wichtigsten Zutaten waren Vipernpulver (gewonnen aus lebenden Vipern), Opium, getrockneter Weinstein, Hirschhodenpulver und gemahlenes Narwal-Horn. Theriak half gegen alles: Pest, andere ansteckende Krankheiten, Schlangenbisse, Tuberkulose, Magenbeschwerden, Fieber, Sehstörungen und vieles mehr – wie sich das für ein Wundermittel halt so gehört.

Adresse Campo Santo Stefano, vor dem Gebäude mit der Nummer 2800, San Marco, 30124 Venedig | Vaporetto fermata Accademia, Linie 1, 2, Nachtlinie N | Tipp In der Mitte des großzügig angelegten Campo Santo Stefano wurden früher zahlreiche Tierhatzen veranstaltet, besonders beliebt waren dabei die Stierkämpfe. Der letzte fand 1802 statt, danach wurde das Spektakel aufgrund einer eingestürzten Treppe verboten.

80__ »Ombre«
Von hellen und dunklen Schattenseiten

»Ombra« ist das italienische Wort für Schatten … und Schatten-seiten hat die Serenissima mehr, als man allgemein denken mag. Ab-gesehen von Umweltsünden war Venedig eine räuberische Stadt. Bestes Beispiel dafür ist die Basilika San Marco, denn schon der Name verrät einen Diebstahl – nämlich den der Gebeine des heili-gen Markus, die man zwecks politischen Kalküls aus Ägypten holte (siehe Seite 100). Oder auch die Quadriga, welche die Venezianer als Souvenir vom vierten Kreuzzug aus Byzanz mitgehen ließen.

Auch in neuer Zeit wird die Serenissima nicht kritiklos betrach-tet. Während die unsägliche Diskussion über die »navi grandi«, also die Kreuzfahrtschiffe – welche genau genommen außer den Hafen, die Redereien, die Stadtpolitik und die Venezianer selbst niemanden so wirklich etwas angeht –, weit über die Stadtgrenzen hinaus für al-lerlei Besserwisserei sorgt, tritt das Schicksal des von unsäglichen Umbauplänen gequälten Fondaco dei Tedeschi (die einst von deut-schen Händlern gegründete erste Handelsvertretung der Welt) meist in den Hintergrund. Wahrscheinlich weil die hier mitwirkenden Kräfte gerne im Schatten agieren und nicht so offensichtlich provo-zieren wie ein schwimmender Wolkenkratzer.

Aber die Schattenseiten haben auch ihr Gutes, im Falle der Om-bra nämlich, mit dem ein kleines Glas vom Schankwein bezeichnet wird (bis 14 Uhr ist dies meist Weißwein, danach fast immer Rot-wein). Dieses hat seinen Namen daher, dass die Weinhändler, welche einst am Markusplatz auf langen Tischen ihre »damigiane« (Wein-Glasballons in Strohkörben) aufstellten, mit dem Schatten des Cam-panile mitwandern durften … damit der Wein nicht in der prallen Sonne stand, sondern im Schatten halbwegs kühl blieb. Allerdings gibt es in Venedig auch die Sitte des »giro de ombre«, womit eine Tour durch verschiedene Lokale gemeint ist, bei denen man mehr als eine Ombra zu sich nimmt … und das sorgt dann meist nicht für Schatten, sondern gleich für Umnachtung.

Adresse Campanile (Markusplatz), San Marco, 30124 Venedig | Vaporetto fermata San Marco, Linie A, B, R, 2, 10 | Tipp Es gibt nicht mehr viele Orte in Venedig, wo Wein noch aus dem »damigiana« ausgeschenkt wird – in der Cantina Do Mori (San Polo 429) beim Rialtomarkt geschieht dies hauptsächlich der Atmosphäre wegen. Auf der Giudecca gibt es noch eine Weinhandlung mit »damigiane« – sie befindet sich nahe der fermata Palanca (nach dem Aussteigen etwa 100 Meter links Richtung Redentore).

81 Die Pala d'argento

Ein unbekanntes, weil verstecktes Altarbild

Was dem Markusdom seine Pala d'oro (goldenes Altarbild), das ist der Kirche San Salvador ihre Pala d'argento (silbernes Altarbild) – doch diese ist selbst den meisten Venezianern vollkommen unbekannt. Der Grund: Man kann sie nur dreimal im Jahr besichtigen! Das Meisterwerk venezianischer Goldschmiedekunst des ausgehenden 14. Jahrhunderts versteckt sich ansonsten hinter dem Bild »Verklärung des Herrn« von Tiziano. Nur an bestimmten Tagen im Jahr verschwindet das Gemälde durch ausgeklügelte Gegengewichte im Altar und gibt den Blick auf die sehenswerte Pala frei.

Wie die berühmte Pala d'oro war auch die Pala d'argento ursprünglich ein Andachtsaltar, der nur zu besonderen Anlässen gezeigt wurde.

Da die Kirche San Salvador Jesus Christus höchstpersönlich geweiht ist, wird die Pala d'argento zu den wichtigsten mit ihm in Verbindung stehenden Feierlichkeiten präsentiert – nämlich anlässlich seiner Geburt, seiner Auferstehung (Osterwoche) sowie am Tag seiner Verklärung (6. August).

Nach dem altbyzantinischen Ritual wird die Verklärung bereits seit dem 7. Jahrhundert am 6. August gefeiert, an dem Tag, an dem auf dem Berg Tabor die erste Basilika der Verklärung geweiht wurde. Die Verklärung selbst ist Teil der Evangelien. Nach der wundersamen Brotvermehrung führte Jesus die Jünger Petrus, Jakobus und Johannes auf einen hohen Berg. Dort wurde er von einem überirdischen Licht überstrahlt (verklärt), und eine Stimme sprach zu Petrus: »Dies ist mein Sohn, auf ihn sollt ihr hören!« Die Verklärung nimmt symbolisch die Auferstehung Christi vorweg. Der Sage nach war der Ort des Ereignisses der Berg Tabor, welcher sich in der Nähe vom See Genezareth befindet.

Die Pala d'argento besteht aus fünf übereinandergesetzten Elementen, wobei das Hauptelement das mittlere ist, auf dem das eigentliche Ereignis der Verklärung des Herrn dargestellt wird.

Adresse Chiesa San Salvador, Campo San Salvador, San Marco 4827c, 30124 Venedig |
Öffnungszeiten die Pala kann dreimal im Jahr besichtigt werden: vom 25. Dez. bis 1. Jan.,
von Ostersonntag bis einschließlich Sonntag nach Ostern und vom 6. bis 13. Aug. |
Vaporetto fermata Rialto, Linie A, 1, 2, Nachtlinie N | **Tipp** Sehr sehenswert sind auch die
Fresken der Sakristei der Kirche San Salvador, welche allerdings nur auf Anfrage – besser
nach Anmeldung per Mail – besichtigt werden können (sansalvador@inwind.it).

82 Der Rangone

Ein Heilmittel gegen Syphilis

Oberhalb der Eingangstür der Kirche San Zulian fällt einem die Skulptur des Arztes und Gelehrten Tommaso Giannotti (1493–1577) ins Auge – besser bekannt als T. Rangone, denn er nahm den Namen seines Dienstherren Graf Guido Rangone an.

In der rechten Hand hält die Figur seltsamerweise, aber nicht ganz zufällig einen Zweig: Er symbolisiert Rangones Entdeckung einer aus Südamerika stammenden Pflanze, die als natürliches Heilmittel gegen Syphilis eingesetzt werden konnte. In der linken Hand hält Rangone ein offenes Buch mit der Inschrift »HIQ« (hinc illincque); die doppelte Übersetzungsmöglichkeit von HIQ »von jeder Seite« und »auf beiden Seiten« soll darauf anspielen, dass er der Ansicht war, dass man Gott sowohl im Makro- als auch im Mikrokosmos, sowohl im Himmel als auch auf Erden erkennen kann. Nicht zufällig ist die Skulptur in einen Talar, das Symbol unermesslicher Gelehrtheit, gewandet – Rangone war eitel, und schließlich hat er die Fassade der Kirche finanziert.

Sein Ruf wurde leider immer wieder von seiner entnervenden Sebstdarstellungsmanie geschmälert. Unbestritten sind seine Verdienste um die Medizin, und unbestritten ist, dass er die marode Kirche San Zulian restaurierte. Aber er verstand es eben auch, zu prahlen: mit seinem Wissen über die Astrologie, seinen Künsten als Arzt, seiner Kompetenz in Linguistik und nicht zuletzt mit seiner Bibliothek, die er als eines der sieben Weltwunder lobte. Wirklich berühmt wurde er aber nur aufgrund seiner Entdeckung des Heilmittels gegen Syphilis – im Sündenpfuhl Venedig war dies tatsächlich sehr viel wert!

Rangone verfasste übrigens aufgrund der Bibelstelle Genesis 6.3 auch ein Werk mit dem Titel »Wie man das Leben des Menschen über 120 Jahre hinaus verlängern kann«. In diesem empfahl er, ein gesundes, demütiges Leben zu führen und den Verbrauch von Arzneimitteln stark einzuschränken …

Adresse Kirche San Zulian, Campo San Zulian, San Marco, 30124 Venedig | **Vaporetto fermata** Rialto, Linie A, 1, 2, Nachtlinie N | **Tipp** Ein beliebter Schauplatz für Selbstdarsteller ist die berühmte Harry's Bar (www.cipriani.com), wo nicht nur der nach dem gleichnamigen Maler benannte Drink Bellini (weißes Pfirsichmark mit Prosecco aufgegossen) gemixt wird, sondern auch das – nach dem für seine kräftigen Rottöne berühmten Maler Vittore Carpaccio benannte – beliebte »Carpaccio« kreiert wurde; Carpaccio besteht im Original nur aus gut gekühltem, rohem Rindfleisch, das mit dem Messer dünn aufgeschnitten und mit einer leichten Mayonnaise-Sauce »alla Kandinsky« verziert wird. Vielleicht hält man es hier aber lieber ähnlich wie Hemingway und trinkt nur einen Champagner.

83___ Die Ridotti

Das erste staatliche Casino

Ridotti waren ursprünglich kleine Räume, in die sich Venezianer zurückzogen, um geheime Kontakte zu pflegen oder um sich hemmungslos der Fleischeslust hinzugeben. Das Wort ist seit dem 13. Jahrhundert in Gebrauch und wurde später auch auf Casinos umgemünzt.

Legale Glücksspiele fanden früher nur im Freien statt. Der Platz zwischen der Säule des geflügelten Löwen und der des heiligen Theodor auf der Piazzetta San Marco war der traditionelle Ort dafür (siehe Seite 178). Bald verbreitete sich das Spiel in alle gesellschaftlichen Ebenen; die Ridotti galten schnell als besonders geeignet für ein geheimes Spielchen. Um das ausufernde Glücksspiel besser kontrollieren zu können, eröffnete die Republik 1638 in den Räumlichkeiten des Palazzo Marco Dandolo das erste staatliche Spielkasino, welches bald weltberühmt war.

Der Spielbetrieb fand nur während (des lang andauernden) Karnevals statt und wurde von verarmten Adeligen – den sogenannten Barnabotti, weil sie in zugewiesenen Häusern in San Barnaba hausten – geleitet. Die Regierung selbst legte die Regeln fest: Es waren nur Kartenspiele erlaubt, Bankhalter musste immer ein Patrizier sein, während des Spiels hatte absolute Ruhe zu herrschen, und außer den Croupiers, die mit Toga und Lockenperücke kenntlich gemacht waren, mussten alle Besucher Masken tragen. Die Venezianer waren fanatische Spieler, und so mancher setzte beim Kartenspiel »Faraone« alles auf eine Karte … und weg war er, der Palazzo!

So hatte beispielsweise die Herzogin von Modena im Karneval 1743 hier an einem einzigen Abend tausend Zechinen (etwa 3,5 Kilogramm Gold) an den Bankhalter Gregorio Barbarigo verloren. 1774 schloss der Große Rat das Spielkasino, zur Freude der Moralisten, die immer Anstoß daran genommen hatten – nicht wegen des Glücksspiels, sondern weil die Ridotti neben dem Spiel das blieben, was sie immer waren: Orte der Kopulation!

Adresse Ridotto-Säle im Hotel Monaco e Grand Canal, Calle Vallaresso, San Marco 1332, 30124 Venedig, www.hotelmonaco.it | **Öffnungszeiten** Besichtigung der Säle als Hotelgast möglich | **Vaporetto fermata** San Marco, Linie A, B, R, 2, 10, Nachtlinie N | **Tipp** Auch im Palazzo Corner Contarini dei Cavalli, wo heute vor allem Ämter ihren Sitz haben, war ein berühmtes Kasino. Hier befindet sich übrigens ein Raum, der fast vollständig mit holländischen Keramikarbeiten geschmückt ist, die Tiere, Häuser und Mühlen darstellen – wenn kein Amtsbetrieb ist, ist eine Besichtigung auf Anfrage möglich.

84___ Die rosa Säulen

Warum der Farbwechsel?

An der westlichen Fassade des Palazzo Ducale sind zur Piazzetta hin – in der obersten Loggia – zwei der Säulen sowie das Geländer rosa gefärbt, während alle anderen Säulen und Geländer weiß sind. Hierbei handelt es sich um ein bewusst eingesetztes optisches Element, denn der Platz zwischen den beiden Säulen war bei offiziellen Anlässen für den Dogen reserviert. Aber die beiden Säulen hatten noch eine ganz andere, weit düsterere Funktion: Zwischen ihnen wurden Todesurteile verkündet und – sofern es sich beim verurteilten Delinquenten um einen Patrizier handelte – auch vollstreckt. Alle anderen zum Tode verurteilen Verbrecher wurden zum Schafott geführt, das zwischen den beiden Säulen beim Bacino di San Marco (siehe Seite 178) aufgestellt wurde, und dort hingerichtet. Auf ebendiesen Brauch bezieht sich das venezianische Sprichwort »Guardate de'll entrecolumni« (»Vermeidet ein Säulendurchqueren«), und aus diesem Brauch hat sich ein Aberglaube entwickelt, der sich bis heute gehalten hat: Kaum ein Venezianer käme auf die Idee, zwischen den beiden Säulen hindurchzugehen – es könnte Unglück bringen!

Interessantes Detail am Rande: Sobald der Verurteilte auf das Schafott geführt worden war, konnte er die exakte Zeit seines Ablebens ermessen – wem die Stunde schlägt auf Venezianisch sozusagen. Der Glockenturm selbst wurde zwar nicht für Hinrichtungen, aber immerhin zu Folterzwecken genutzt. Dazu wurde der in eine sogenannte »cheba« (venezianisch für Käfig) eingesperrte Verdächtige (oder auch Verurteilte) auf halber Höhe am Uhrturm befestigt und Wind und Wetter ausgesetzt.

Auch das Bacino di San Marco wurde zuweilen für das Vollstrecken von Todesurteilen genutzt, man hat die Verurteilten kurzerhand ertränkt. Und im Bacino Orseolo, gleich hinter dem Markusplatz, wo sich Gondeln und Touristen tummeln, wurden ebenso Todesurteile durch Ertränken vollstreckt.

Adresse Dogenpalast, San Marco 1, 30124 Venedig (neunte und zehnte Säule von der Porta della Carta aus gezählt) | **Vaporetto fermata** San Marco, Linie A, B, R, 2, 10, Nachtlinie N | **Tipp** An der Südwestseite des Dogenpalastes kann man zwei kleine Lichter sehen, die immer brennen. Sie sollen an einen der wenigen Justizirrtümer der Serenissima erinnern: Ein gewisser Piero Tasca wurde aufgrund eines unglücklichen Umstandes zu Unrecht des Mordes angeklagt und gestand während der Folter ein Verbrechen, das er nicht begangen hatte. Er wurde am 25. März 1507 zum Tode verurteilt. Der eigentliche Täter wurde erst einige Zeit später gefasst … Die Lichter dienten als Mahnmal für die Gerichtsbarkeit, Todesurteile nicht allzu schnell zu vollstrecken, was dazu führte, dass manche Verurteilte zehn Jahre und länger auf die Vollstreckung warten mussten.

85 _ Spielerische Säulen
Wie das Würfeln legal wurde

Der Platz zwischen den beiden Säulen auf der Piazzetta San Marco (Abschnitt zwischen Dogenpalast und der Bibliothek) ist vor allem im Hinblick auf das Glücksspiel interessant. Die Piazzetta wird von zwei Monolithsäulen dominiert; die eine ist Venedigs Stadtheiligem Markus (geflügelter Löwe) gewidmet, die andere Theodorus (Todaro auf dem Dachen), dem Schutzheiligen der ersten Bewohner des Veneto. Hier hat man Staatsgäste empfangen, Verurteile exekutiert – und gespielt, weil dies der erste offiziell legalisierte Ort für das Würfelspiel war. Warum gerade hier dem Glücksspiel gefrönt werden durfte, hat mit den Säulen zu tun: Die beiden aus rotem und grauem Granit bestehenden Monolithen stammen aus dem Orient und lagen lange Zeit am Boden, weil niemand wusste, wie man die unhandlich runden Säulen am besten aufrichtete. 1172 stellte der Ingenieur Nicola Starantonio Barattiero (der Erbauer der ersten Rialtobrücke) die Säulen mittels eines technischen Tricks fast spielerisch auf. Der clevere und geschäftstüchtige Barattiero erbat sich als Lohn die Genehmigung, unter den Säulen Würfelspiele organisieren zu dürfen … obwohl (oder besser: weil) dieses Spiel verboten war; er bekam seine obskure Belohnung und eröffnete im Schatten der orientalischen Säulen die erste legale Spielhölle von Venedig.

Abgesehen von diesem Ort galt das Glücksspiel in Venedig als anrüchig und musste mehr oder weniger in verborgenen Ridotti (siehe Seite 174) betrieben werden. Die Spielsucht stürzte dennoch unzählige adelige und wohlhabende Familien ins Elend; Risikobereitschaft am Spieltisch wurde als mutig und ehrenhaft angesehen. Die Republik machte aus der Not eine Tugend, eröffnete staatliche Spielkasinos und setzte die verarmten spielsüchtigen Adeligen als Croupiers ein – nicht ganz selbstlos, denn mit diesen passionierten Spielern sowie mit Spielregeln, die eindeutig das Haus begünstigten, floss ein guter Teil der Einnahmen in die Staatskassen.

Adresse Monolithen an der Piazzetta San Marco, San Marco, 30124 Venedig | **Vaporetto fermata** San Marco, Linie A, B, R, 2, 10, Nachtlinie N | **Tipp** An der Decke des Sotoportego, wo die Calle dei Fabbri den Rio Terà de le Colonne kreuzt, befindet sich ein verwittertes Fresko, auf dem eine Laterne, Würfel und die Jahreszahl 1691 zu erkennen sind. Wenngleich das Fresko sicher neueren Ursprungs ist, erinnert es dennoch an das erste erlaubte Glücksspiel.

86__Das Teufelsloch
Wie man einen Teufel vertreibt

An der Rückseite des Palazzo Soranzo befindet sich eine seltsame Engelsstatue, die ein größeres Loch im oberen Drittel der Hausmauer zeigt – dahinter verbirgt sich folgende Geschichte: Im Jahre 1552 lebte ein Anwalt in diesem Palast, der mit krummen Geschäften ein Vermögen verdiente, auch wenn er sich selbst immer als frommen und ehrlichen Mann bezeichnete. Eines Abends lud er den Mönch Matteo de Bascio zum Abendessen ein und führte diesem seinen dressierten Affen vor, der allerlei Hausarbeiten erledigen konnte. Als der Mönch das Tier sah, erkannte er sofort den Dämon in ihm und fragte ihn, was er hier zu suchen hätte. Der Teufel erklärte, dass er auf die Seele des Anwalts warte, die er in die Hölle mitnehmen wolle. Das sei ihm aber bisher noch nicht gelungen, weil der Anwalt jeden Abend zur Heiligen Jungfrau bete – sobald er aber das Beten einmal vergessen würde, sei es um seine Seele geschehen.

De Bascio befahl daraufhin dem Teufel, unmittelbar das Haus zu verlassen. Doch der entgegnete, dass er dies nur tun könne, wenn der Mönch ihm gestatten würde, am Haus Schaden anrichten zu dürfen. De Bascio stimmte unter der Bedingung zu, das Ausmaß des Schadens bestimmen zu dürfen. Man war sich handelseinig, und der Teufel verschwand durch die Wand, wo er das Loch in der Mauer hinterließ.

Danach sprach der Mönch dem Anwalt ins Gewissen und machte ihm Vorwürfe wegen seiner zahlreichen Sünden und Verfehlungen. Schließlich nahm er einen Zipfel der Tischdecke, wrang diesen aus, und das Blut der geschädigten und ausgebeuteten Opfer des Anwalts tropfte auf den Boden. Der Advokat zeigte daraufhin Reue und gelobte Besserung. Gleichzeitig sprach er aber die Sorge aus, dass der Teufel durch das Loch ins Haus zurückkehren könne. Matteo beruhigte ihn und empfahl, einfach eine Engelsstatue in der Nähe des Lochs zu errichten – das würde jeden bösen Geist in die Flucht schlagen.

Adresse Fassade vom Palazzo Soranzo, San Marco, 30124 Venedig (Am besten zuerst in die Calle de la Canonica einbiegen, danach gleich die 1. Straße links, nach 50 Metern kommt man zur Ponte dell'Angelo, von wo aus man die Fassade am besten sieht.) | **Vaporetto fermata** San Marco, Linie A, B, R, 2, 10, Nachtlinie N | **Tipp** Von der Piazza San Marco kommend liegt auf dem Weg zum Teufelsloch die gemütliche Bar al Campanile (Sestiere San Marco 310, Tel: +39 041 522 1491), die nicht nur hervorragende Cocktails serviert (»Spritzz al bitter« und »Bloody Mary« sind besonders empfehlenswert), sondern auch mehrmals täglich frisch produzierte Panini, Sandwiches und Tramezzini anbietet – ein Stammlokal des Autors!

87 Der Traghetto del Buso

Die Überfahrt zum Laster

Von San Marco kommend befindet sich kurz vor dem Aufgang rechts unterhalb der Ponte di Rialto, schräg vor dem Fondaco dei Tedeschi, ein bemerkenswerter Ort, der als Traghetto del Buso (Fähre des Lochs) bekannt ist. Der Traghetto erinnert an die Stelle, von der die Gondolieri die Freier zu den Prostituierten (nicht zu den Kurtisanen!) von San Polo transportierten. Das venezianische Wort »buso« bedeutet Loch und spielt in der Vulgärsprache auf das weibliche Geschlecht an. Aber der Ausdruck bezog sich ebenso auf eine spezielle Münze, mit der man die Überfahrt bezahlte und die in der Mitte ein Loch hatte.

Schon früh unterschied man in Venedig zwischen den (einfachen) Huren und den (gebildeten) Kurtisanen, weshalb 1535 der »Catalogo di tutte le principal et più honorate cortigiane di Venezia«, der Namen, Preise, Qualitäten und Kupplerinnen nannte, erschien. Die oberste und über Geschenke bestbezahlte Gruppe waren die »cortigiane oneste«, die »ehrbaren Kurtisanen«, die meist nur einen Freier oder Gönner hatten, hübsch und sehr gebildet waren. Dann folgten die weniger angesehenen »cortigiane da candela« oder die »cortigiane da lume«, die ihrem Gewerbe in den Hinterzimmern oder in Bordellen nachgingen und auf mehr als einen Freier angewiesen waren. »Putane«, also einfache Prostituierte, bildeten die unterste Schicht.

Während die Kurtisanen sich – begünstigt durch einflussreiche Freier – gut gekleidet frei in der Stadt bewegen durften, hatten die Huren keine Rechte; sie durften nur einfache Behausungen mit spärlichem Mobiliar bewohnen, keinen Schmuck tragen, während des Gottesdienstes und religiöser Feiern nicht in die Kirche gehen, bei Strafprozessen keine Zeugenaussagen machen, ja nicht einmal Kunden anklagen, die sich weigerten zu zahlen. Zudem waren sie gegenüber den Kurtisanen finanziell stark benachteiligt, »Preisverhältnisse« von 1:50 waren keine Seltenheit.

Adresse direkt vor dem Restaurant Al Buso, Fondamenta del Traghetto del Buso, San Marco 5338, 30124 Venedig | **Vaporetto fermata** Rialto, Linie A, 1, 2, Nachtlinie N | **Tipp** Die Fassade des damaligen Fondaco dei Tedeschi war zwischen den Fenstern mit riesigen Aktfiguren geschmückt, die fast verloren gegangen sind. Immerhin sind Überreste dieser Fresken nach aufwendigen Restaurierungsarbeiten erhalten geblieben und in der Galleria Franchetti in der Ca' d'Oro zu sehen. Auch die Ponte di Rialto war mit obszönen Darstellungen des weiblichen Geschlechts verziert – doch diese allzu provokanten Darstellungen wurden bereits damals zensiert und retuschiert.

88__ Die Veneta

Mit Schwert und Löwen

An einer der Säulen des Dogenpalasts befindet sich anstatt des üblichen Vierpasses ein Tondo mit der vielleicht ältesten noch erhaltenen Darstellung der Veneta – auf einem Thron sitzend, mit Schwert und von zwei Löwen flankiert.

Die Anfänge der Stadt Venedig gehen der Legende nach auf das biblische Volk der Veneter zurück, einen Unterstamm der aus Kleinasien stammenden Paphlagonier. Die Veneter waren ein wissensdurstiges und kriegerisches Volk, ihre Hauptgottheit war Reitia, die im griechischen Pantheon der Hera entsprach. Die Paphlagonier nannten den Planeten Venus Reitia, was »die Aufrichtige, Gerechte und Adelige« bedeutet, später kam »Serenissima« (Heiterste) hinzu. Damit wollte man einerseits auf die Urmuttergottheit verweisen, andererseits auf die Autonomie der Stadt (lange vor der Römerzeit).

Veneto (Venetien) kommt vom lateinischen Uenus, was Venus bedeutet und sich aus dem sumerischen »W« für Tochter und »Anu« für Himmel zusammensetzt; Venus ist demnach die Tochter des Himmels. In der antiken Mythologie war sie nicht nur die Göttin des Abends, die Liebe und Lust begünstigt (diese beiden Themen scheinen zum Leitmotiv der liebestollen Stadt geworden zu sein), sondern sie war auch die Göttin der Morgenröte, die Kriegen und Eroberungen beiwohnt. Passend, denn die Veneter waren auch ein kriegerisches Volk.

Venus ist am Tag sowohl im Osten als auch im Westen zu sehen, weshalb sie auch ein wichtiges Symbol für Tod und Wiedergeburt ist. Die Totenmaske, die man in der Antike auf das Gesicht der Verstorbenen legte, nimmt dieses Thema auf. In Venedig hat dieser Kult im Karneval überlebt, wobei die Masken einen mitunter bitteren Beigeschmack hatten (siehe Seite 98). Der Tondo verkörpert Venedigs Verbundenheit mit der Venus (Symbolik für »Liebe und Schwert«), aber in Form der Löwen auch den Übergang zum heutigen Schutzheiligen Markus (siehe Seite 100).

Adresse Dogenpalast, Piazzetta San Marco, San Marco 1, 30124 Venedig, an der 13. Säule (vom Molo/Wasserbecken aus gezählt) der Westfassade | **Vaporetto fermata** San Marco, Linie A, B, R, 2, 10 | **Tipp** Angeblich hat man sich beim Entwurf der Basilika Santa Maria della Salute vom Tempel der Venus Physizoa inspirieren lassen, der im Roman »Hypnero-tomachia Poliphili« (Der Traum des Poliphilo) beschrieben wird; die Basilika wäre dem-nach der Ring, der die Verehrung der Jungfrau Maria mit dem alten venezianischen Venus-Kult vereint.

89__Die Violinistin

Vivaldi, das Zölibat und die (jungen) Frauen

Im nur wenig bekannten Museo della Musica, welches in der profanierten Kirche San Maurizio untergebracht ist, hängt verdeckt von alten Musikinstrumenten das Porträt einer Violinistin, das Anlass gibt, an zwei interessante Geschichten zu erinnern.

Die Lebensgeschichte Antonio Vivaldis (1678–1741) ist dank amtlicher Dokumente überliefert, und so wissen wir, dass er 1703 die Priesterweihe erhielt, was ihn eigentlich zu einem Leben im Zölibat zwang. Dass dieses in Venedig nicht sehr ernst genommen wurde, ist ein offenes Geheimnis. Überraschend wenig ist aber über das tatsächliche Verhältnis Vivaldis zu seinen jungen Schülerinnen in der Pietà bekannt. Vor allem mit einer gewissen Geigerin namens Anna Maria war die Beziehung besonders eng und vertraut – immerhin schrieb Vivaldi 30 Violinkonzerte allein für diese junge Dame, die später seine »Kollegin« wurde.

Auch mit der Sängerin Anna Girò, die viel mit ihm gearbeitet hat und mit ihm die letzten Jahre seines Lebens verbrachte, wurde ihm ein Verhältnis nachgesagt. Doch trotz der Vorwürfe, dass er mit ihr – die Dame war offiziell seine Haushälterin – das Zölibat brechen würde, hat man ihm seine Priesterwürde nicht aberkannt. Allerdings wird die Sache wesentlich prekärer, wenn man weiß, dass auch ihre Schwester Paolina im gleichen Haushalt lebte … in welcher Funktion, ist nicht bekannt.

Zahlreiche Geschichten rund um diese seltsamen Beziehungen erzählt man sich in Venedig, und man schwankt dabei gerne zwischen Tatsachen und Erfundenem hin und her wie die Gondeln auf dem Wasser des Kanals. Schwankend war auch der Musikgeschmack der Venezianer, weshalb Vivaldi das Schicksal widerfuhr, plötzlich unmodern zu sein. Der Hunger der Serenissima nach immer neuen »divertimenti« machte den Künstler arbeitslos und zwang ihn zur Abwanderung; Vivaldi starb in Wien und wurde dort in einem Armengrab bestattet.

Adresse Museo della Musica in der Chiesa San Maurizio, Campiello Drio la Chiesa, San Marco 2603, 30124 Venedig (das Bild hängt rechts hinten im Eck neben dem ehemaligen Altar) | **Öffnungszeiten** täglich 10–19 Uhr | **Vaporetto fermata** Giglio, Linie A, 1 | **Tipp** Vivaldis Geburt wurde in der Kirche San Giovanni Battista in Bragora beurkundet, wo er auch getauft wurde – er hat sich immer als Sohn der Parrocchia bezeichnet. Vis-à-vis der Kirche hat mit der Antica Torrefazione Girani (www.caffegirani.it) eine der letzten Kaffee-röstereien Venedigs ihren Sitz.

90___24 Stunden

Reliquien der italienischen Uhr

Die meisten heutigen Besucher, welche auf der Piazza di Rialto flanieren, schenken der großen Uhr am Turm der Kirche San Giacomo di Rialto nur einen flüchtigen Blick. Dabei verfügt sowohl das Gebäude als auch die Uhr über interessante Details.

Nach den Rialtobränden von 1531 und 1601 wurde die Kirche jeweils neu errichtet oder renoviert. Der heutige Bau ist daher eine Art kopierender Neubau, der sich an dem Gotteshaus von 1601 orientiert – tatsächlich sind aber nur die Säulen wiederverwendet worden, die reichen Mosaike, mit denen beispielsweise die Gewölbe verziert waren, sind leider für immer verloren gegangen. Das eigentlich Bemerkenswerte an der Kirche sind die Stufen, denn man hat beim Neubau von San Giacomo auch gleich eine Art Hochwasserschutz eingebaut, indem der ursprüngliche Boden deutlich angehoben wurde.

Die große Uhr aus dem 15. Jahrhundert ist ein schönes Beispiel für eine echte »italienische Uhr«, weil sie nämlich ein 24-stündiges Ziffernblatt hat. Nachdem die Zeit jahrhundertelang mit Sonnenuhren gemessen wurde, erschienen Ende des 13. Jahrhunderts die ersten mechanischen Uhren, mit deren Hilfe nun auch die Stunden exakt angezeigt werden konnten. Der Tag hatte 24 Stunden und fing mit dem Sonnenuntergang an, das ist auch der Grund, warum das Ziffernblatt mit 18 (und nicht mit 12 oder 24 Uhr) beginnt. Am Ende des 14. Jahrhunderts schafften die meisten Städte die Sonnenuhren ab, da nunmehr die Glocken der Kirchturmuhren die Zeit angaben. Doch bald wurde klar, dass die vielen Glockenschläge oftmals verwirrend waren, weshalb das System im 15. Jahrhundert vereinfacht wurde und die Glocken nicht mehr 24-mal, sondern nur noch sechsmal schlugen.

Mit Napoleons Besatzung verschwanden dann die meisten italienischen Uhren und wurden durch das französische Ziffernblatt ersetzt, welches in 12 Stunden unterteilt ist und den Tag mit Mitternacht beginnt.

Adresse Uhr am Turm von San Giacomo di Rialto, Ruga die Oresti, San Polo 78c, 30125 Venedig | **Vaporetto fermata** Rialto Mercato, Linie 1, Nachtlinie N | **Tipp** Auch die berühmte Uhr am Torre dell'Orologio (Uhrturm) von San Marco ist ein Relikt einer venezianischen Uhr mit dem italienischen 24-stündigen Ziffernblatt.

91__Die Aretino-Gedenktafel
Antiklerikaler und pornografischer Freidenker

An der Fassade der Pescheria Nuova kann man ein modernes Werk des Künstlers Guerrino Lovato ausmachen. Es handelt sich hierbei um eine Darstellung von Pietro Aretino aus farbiger und glasierter Terrakotta. Die 2001 errichtete Gedenktafel ist eine Kopie einer Medaille des Bildhauers Alessandro Vittoria, die dieser seinerzeit für den Literaten angefertigt hatte. Der Freidenker Aretino wurde 1492 als Sohn eines Schusters in Arezzo geboren, verleugnete aber seine wahre Herkunft und bezeichnete sich nicht ohne Selbstironie als den »Sohn einer Kurtisane und eines Königs«. Er wohnte 1527 bis 1556 gegenüber dem Fischmarkt am Canal Grande im Palazzo Bollani.

Aretino war nicht nur als Kunstkritiker gefürchtet, sondern auch berühmt-berüchtigt für seine die Sakramente lächerlich machenden Texte, die seine feindliche Haltung gegenüber dem Papsttum widerspiegelten. Diese antiklerikale Haltung veranlasste ihn zur Flucht nach Venedig, das seinerzeit die größte Unabhängigkeit vom Papst hatte. Venedig selbst blieb allerdings ebenso wenig verschont: So behauptete Aretino ganz offen, dass die Venezianer weder essen noch trinken könnten.

Weit bekannter als seine kritischen Werke sind seine »Sonetti lussuriosi«, jene freizügigen Werke, die von Erotik und Obszönität geprägt sind. Die unter seinem Namen gehandelten (von Giulio Romano gezeichneten) Ex Libris skizzieren nichts anderes als in allen möglichen Stellungen und an allen möglichen Plätzen kopulierende Paare oder stellen überhaupt nur das weibliche Geschlecht dar – Pornos mit naturalistischer Genauigkeit.

Aretino verehrte eine Edel-Kurtisane namens Angela Zaffa, die laut seiner Worte das Küssen, das Streicheln und den Beischlaf exzellent beherrschte. Er beanspruchte ihre Liebeskünste nicht für sich allein. So lud er eines Tages seine engsten Freunde Tizian und Jacopo Sansovino mit den Worten ein: »Ich habe Fasane und Zaffetta zu bieten.«

A PIETRO ARETINO 1492 1556

"LA VERITÀ È FIGLIA DEL TEMPO" DAGLI AMICI 2001

Adresse Pescheria Nuova, San Polo, 30125 Venedig | **Vaporetto fermata** Rialto Mercato, Linie 1, Nachtlinie N | **Tipp** Aretino starb 1556 in Venedig. Kurz nach seinem Tod setzte Papst Paul IV. seine Werke auf die erstmals zusammengestellte Liste der verbotenen Bücher, den Index Librorum Prohibitorum. Umso bemerkenswerter, dass Aretinos Kopf in Form eines Reliefs auch die Tür zur Sakristei im Markusdom schmückt, was ein deutliches Zeichen für Venedigs Haltung gegenüber Rom war.

92__Das Bancogiro

Non solo Spritzz

Campari Soda ist gut … aber »von gestern«. *In* ist heute, wer Spritzz trinkt. Venedig hat sich zwar von Österreich emanzipiert, aber augenscheinlich noch nicht in Sachen Phonetik. So stammt das Wort Spritzz vom G'spritzten (Gespritzter) ab, dem in Österreich bekannten Mischgetränk aus Wein und Soda, das mit etwas Holunderblütensirup zum Kaiserspritzer wird.

Aber noch andere in Venedig gebräuchliche Begriffe gehen auf österreichische Besatzer zurück. So sind auch die Wörter Strudel und Krapfen eindeutige Austriazismen, und Schèi ist eine Bezeichnung für Geld, abgeleitet von »schellini« (Schillinge). Eine Kuriosität kann man im Winter in Venedig erleben, wenn die eisigen Winde durch die engen Gassen pfeifen und sich die Serenissima in keinster Weise heiter zeigt! Dann hat die Stunde der Loden geschlagen, und ein jeder Venezianer, der etwas auf sich hält, wird mit diesem österreichisch-alpinen Trachtenoutfit als solcher zu erkennen sein, denn in Rest-Italien und bei den Touristen ist diese Mode selten zu sehen.

Zurück zum Spritzz und damit zum Bancogiro – dessen Name übrigens auf die erste Girobank zurückgeht, die hier gegründet wurde – denn kaum wo lässt er sich besser genießen als hier! Aber ausschließlich als Spritzz al bitter – auch »Spritzz alla venexina« –, mit Campari also, nicht in der neumodischen Form mit Aperol und auch nicht in der abenteuerlichen Variante mit Cynar; alternativ aber mit Select, der venezianischen Variante des Campari. Unten an der Bar, wo sich das junge und hippe Venedig trifft, ist der beste Platz für das aus Prosecco oder Soave, Campari und Sodawasser gemixte, auf Eis servierte und mit Zitronenschale und einer grünen Olive garnierte Kultgetränk. Blick auf den Canal inklusive, kann man seinen Spritzz kaum stilvoller zu sich nehmen. Dazu ein 24 Monate gereifter San-Daniele-Schinken, und man hat seinen neuen Stammplatz gefunden.

Adresse Osteria Bancogiro, Campo San Giacometto, San Polo 122, 30125 Venedig, www.osteriabancogiro.it | **Öffnungszeiten** Di–So 9–24 Uhr | **Vaporetto fermata** Rialto Mercato, Linie 1, Nachtlinie N | **Tipp** Über der Eingangstür des Palazzo Loredan fällt einem die deutschsprachige Inschrift auf: »K.K. STADT UND FESTUNGS COMMANDO«, ebenfalls Überbleibsel der habsburgischen Besetzung im 19. Jahrhundert, als hier der Sitz der Heeresleitung eingerichtet wurde. Übrigens: Drüben auf der Giudecca hängt im Lokal »al Palanca« eine Schautafel mit allen nur erdenklichen Kombinations-möglichkeiten für den Spritzz …

93__ Der Barbacan
Muster für ganz Venedig

Am Ende der Riva del Vin kann man an einer Hausfassade einen aus der Mauer herausragenden Balken aus istrianischem Gestein ausmachen, auf dem die Aufschrift »Barbacan« zu lesen ist. Der Begriff Barbacan stammt vermutlich vom Arabischen b-al-baqára ab, was so viel bedeutet wie »Tor der Kühe« und als eine Art Schutzwand für das Gehege verwendet wurde.

Der Begriff Barbacan wurde dann im Mittelalter für die Verstärkungsmauern bei militärischen Bauwerken verwendet, außerdem stand er für Verteidigungsmauern, welche mit Schießscharten versehen waren. Und schließlich nannte man die Strebemauern, welche mit den Festigungsböden des Wehrgangs verbunden waren, ebenfalls Barbacan.

In Venedig wurde die Bezeichnung ursprünglich für Holzbalken, später auch für Steinbalken verwendet, die die Funktion hatten, die knappen Raumverhältnisse der venezianischen Häuser zu optimieren, ohne dass dabei die Straßen und Gassen verengt oder behindert wurden. Zu diesem Zwecke ließ man die oberen Stockwerke über das Erdgeschoss ragen, wodurch einerseits die Wohnfläche vergrößert wurde, andererseits aber der Durchgang durch die Straßen für die Fußgänger weitgehend ungestört blieb.

Barbacani sind in ganz Venedig zu finden, ein besonders gut erhaltenes Exemplar ist in der Calle del Paradiso beim Campo Santa Maria Formosa zu besichtigen. Übrigens: Auch in Konstantinopel gab es solche Barbacani, welche den venezianischen sehr ähnlich waren (ungeklärt ist aber, wer von wem die Idee übernommen hatte).

Der eingangs erwähnte Barbacan ist nun insofern ein ganz besonderer, als dass er als Musterbalken und Modell zur Realisierung aller anderen Balken diente, die in Venedig aus den Häuserzeilen hervorspringen. Alle anderen Barbacani mussten sich nach diesem Muster richten, die Ausmaße waren von der Stadtbehörde Venedig genauestens vorgegeben.

Adresse zwischen den Häuserfassaden der Riva del Vin, Calle della Madonna, San Polo 574, 30125 Venedig | **Vaporetto fermata** San Silvestro, Linie 1 | **Tipp** Was passieren konnte, wenn die strengen Bauvorschriften einmal nicht so genau eingehalten wurden, sieht man, wenn man ein Stück weiter vor in Richtung Markt geht – in der Calle del Sansoni am Ende der Calle Arco, Nummer 965a, kann man die wahrscheinlich schiefste Hausein-gangstür von Venedig bestaunen.

94__ Die Böttcher

Weinfässer, Weinhändler und ein Kapitelsaal

Hinter der Ponte di Rialto Richtung Markt befand sich linker Hand rund um den Campo Rialto Novo (Neuer Rialtoplatz, weil er im Vergleich zum Campo di Rialto bei San Giacometto jünger ist) einst das Viertel verschiedener Handwerkszünfte – das ist anhand von einigen Pfeilern auszumachen, die aus dem 16. und 17. Jahrhundert stammen und mit Reliefs verschiedener Handwerkskünste versehen sind.

An der Hausnummer 456 wird man besonders auf die Weinhändler aufmerksam, denn wenn man sich die Haustüre genauer betrachtet, fällt auf, dass der untere Teil der Mauer in Form eines Fasses abgerundet verbreitert wurde, um die Fässer leichter ins und aus dem Haus rollen zu können.

Und am Haus mit der Nummer 551 erkennt man des Weiteren ein Fass – das Symbol für die Zunft der Böttcher (venezianisch »boteri«). Noch heute erinnert der Straßenname Calle dei Botteri neben dem Fischmarkt an die einst hier ansässigen Böttcher. Hergestellt wurden die Fässer übrigens nicht hier, sondern gegenüber der Jesuitenkirche in der Nähe des Fondamenta Nuove. Um leichte und handliche Fässer herzustellen, wurde üblicherweise hochqualitatives Eichenholz genommen, nicht selten benutzte man aber auch Kastanien- oder Tannenholz. Die »boteri« waren übrigens dazu verpflichtet, die Fässer des Dogenpalasts kostenlos zu reparieren.

In der nahe gelegenen Kirche San Silvestro wird man auf die Bruderschaft der Weinhändler aufmerksam, denn hier befindet sich deren Kapitelsaal (auf der rechten Seite der Kirche im ersten Stock), der auf Anfrage – wenn ein Führer anwesend ist – während der Öffnungszeiten besichtigt werden kann. Der Kapitelsaal wurde von Chiona Lombardo zwischen 1573 und 1581 gebaut – einige Jahrhunderte früher als der eigentliche Sakralbau. Und auch der Straßenname Riva del Vin (Ufer des Weins) weist auf die einst mächtige Zunft der Weinhändler hin.

456

Adresse Tür mit Fassausschnitt, Calle de l'Arco, San Polo 456, 30125 Venedig | **Vaporetto fermata** Rialto Mercato, Linie 1, Nachtlinie N | **Tipp** Am Haus mit der Nummer 553 ist eine Darstellung eines Maulbeerbaumes zu sehen – die Pflanze repräsentierte die hier ansässigen Seidenhersteller. In der Nähe vom Markt kann man an einem Eckpfeiler zwischen der Ruga dei Spezieri und dem Ramo do Mori (Hausnummer 379 und 395) zwei Reliefs mit Pfirsichen sehen (siehe Foto Seite 199) – sie waren das Symbol der Persicata-Zunft, welche das in der Renaissancezeit sehr beliebte Pfirsichgelee herstellte.

95__Die Carampane

Exorbitant viele Huren

Ein Teil der Insel Rialto wurde früher als Carampane bezeichnet, weil hier ab dem frühen 14. Jahrhundert vor allem Prostituierte wohnten und ihrem schlüpfrigen Gewerbe nachgingen (siehe Seite 204). Hier durften sie sich offenherzig und freizügig zur Schau stellen, mussten sich allerdings nach dem dritten Glockenschlag von San Marco ins Haus zurückziehen. Zu Kirchenfesten durften sie gar nicht erscheinen.

Doch im Laufe der Zeit nahmen die Prostituierten immer mehr Raum in der Stadt ein und gingen ihrem Gewerbe nach, wo es ihnen gerade gelegen kam. Aufgrund der rücksichtslosen und schamlosen Art, Freier anzuwerben, beschloss die Stadt Venedig, die liebestollen Damen wieder in ihre angestammten Häuser zurück zu verbannen, die sie von einer reichen venezianischen Familie, den sogenannten Rampani, geerbt hatten. Aufgrund der Tatsache, dass sie den ehemaligen Palazzo Ca' Rampani nutzen durften, werden die Dirnen im venezianischen Jargon seither »Carampane« genannt.

Um der ausufernden Prostitution einen Riegel vorzuschieben, aber auch um Zuhälterei und Ausbeuterei zu verhindern, wurden 1460 verschiedene Regulierungsmaßnahmen festgelegt. Es half wenig, und so sah man sich 1539 gezwungen, alle Dirnen, welche weniger als zwei Jahre in Venedig lebten, kurzerhand der Stadt zu verweisen.

Allen Einschränkungen, allen Gesetzen und allen angedrohten Strafen zum Trotz blühte die käufliche Liebe. Am 21. Februar 1543 beklagte der Senat, dass exzessiv viele Huren in der Stadt seien und dass man sie in jeder Gasse finde, womit das Konzept der Carampane, also das Einrichten eines Rotlichtviertels, als gescheitert betrachtet werden musste. Gegen Ende der venezianischen Republik wurde der Begriff Carampane nur mehr für die Dirne, nicht mehr für ein begrenztes Stadtviertel verwendet – zudem wurde 1776 der Rio de le Carampane zugeschüttet; hier befindet sich heute der Campiello Albrizzi mit gleichnamigem Palazzo.

Adresse Campiello Albrizzi, San Polo, 30125 Venedig | **Vaporetto fermata** San Silvestro, Linie 1 | **Tipp** Unweit liegt die Ca' Rampari: vom Campiello Albrizzi geradeaus Richtung Fischmarkt gehen, bei nächster Gelegenheit erst rechts, danach links abbiegen. Der Häuserblock rund um die Calle d'rio Rampani war das Bordell. In dessen Umgebung kann man hinter dem Rialto-Markt an einigen Häusern verschiedene Reliefs mit paradiesischen Früchten wie Äpfeln oder Pfirsichen (siehe Foto, Adresse beim Tipp auf Seite 197) ausmachen; dass diese Früchte immer paarweise auftreten und ganz offensichtlich auf gewisse weibliche Rundungen anspielen, dürfte angesichts der frivolen Umgebung nicht rein zufällig sein.

96_ Die Mühle
Spielbrett oder esoterisches Symbol?

Die Scuola Grande di San Rocco ist bekannt für die hier ausgestellten Hauptwerke Tintorettos. Ein kleines Detail wird dabei gerne übersehen, denn neben dem Haupteingang steht ein Stein, auf dem ein Mühlespiel zu erkennen ist, das einige Rätsel aufgibt. Natürlich kann es sein, dass das Muster einfach in den Stein geritzt wurde, um ihn als Spielbrett zu nutzen, es könnte sich aber auch um eine »esoterische Mühle« handeln.

In vielen Teilen der Welt wird das aus drei konzentrischen Quadraten mit vier zentralen Linien im inneren Quadrat bestehende Zeichen als esoterisches Symbol verstanden, das die drei Phasen des spirituellen Weges der Eingeweihten darstellt. Vor dem Erreichen des Endziels müssen dabei drei Etappen durchlaufen werden: die körperliche, die geistige und die spirituelle oder auch göttliche.

Schon im antiken Rom, Griechenland und Ägypten wurde Mühle gespielt. Angeblich stellte das Brett anfangs die drei Ringmauern des salomonischen Tempels dar; später verkörperte es das himmlische Jerusalem mit seinen zwölf Stadttoren (drei an jeder Seite). Die vier kreuzförmigen Linien, mit denen die drei Mauern verbunden werden, verkörpern die Wege, auf denen die Lehre verbreitet wird. Und aus der Mitte – der sogenannten Quelle der Tradition – entspringen die vier symbolischen Flüsse des Paradieses.

Im Europa des Mittelalters wurden übrigens viele Schlösser und Burgen mit drei ähnlich angelegten Ringmauern versehen, wobei man darauf achtete, dass die tellurischen Kräfte (Kräfte, die von der Erde ausgehen) einen günstigen Ort zur spirituellen Besinnung verhießen. Die esoterische Mühle wurde ferner als Zeichen für einen heiligen Ort verwendet; das würde bedeuten, dass man in Venedig solch einen Ort sah – und das ist angesichts der Geheimbotschaften, die sich aus den in der Scuola befindlichen Gemälden Tintorettos (siehe Seite 206) herauslesen lassen, nicht von der Hand zu weisen.

Adresse Scuola Grande di San Rocco, Campo San Rocco, San Polo 3052, 30125 Venedig (links neben dem Haupteingang) | **Öffnungszeiten** täglich 9.30–17.30 Uhr | **Vaporetto fermata** San Tomà, Linie 1, 2, Nachtlinie N | **Tipp** Auch im Fondaco dei Tedeschi befindet sich im ersten Obergeschoss ein Mühlespiel, das allerdings ausschließlich spielerischen Zwecken diente – ob dieses Mühlebrett allerdings die vorgesehenen Umbauten und Renovierungen am Fondaco überleben wird, ist derzeit gleichermaßen ungewiss wie fraglich.

97_ Das päpstliche Relief
Der Papst und die Templer

Der Sotoportego de la Madonna ist voller Geheimnisse, und diese beruhen vor allem auf der Tatsache, dass das Gebäude an der Ecke zum Campo Sant'Aponal einst im Besitz der geheimnisumwobenen Templer war. Wenn man sich im Sotoportego umdreht und nach oben blickt, sind einige interessante Darstellungen zu erkennen, die versteckt an den Wänden befestigt sind. Darunter auch der berühmte Spruch »Non nobis domine, non nobis, sed nomini tuo da gloriam nos perituri mortem salutamos« (Nicht uns, oh Herr, nicht uns, sondern deinem Namen sei Ehre, wir zum Sterben Bereiten preisen dich). Bei genauem Hinsehen wird man eine kleine Templerfigur ausmachen, die sich in einer Nische versteckt hält. All diese Darstellungen gehen nicht auf die Templer zurück (aus deren Epoche nichts erhalten ist), sondern stammen aus der Renaissance der neutemplerischen Bewegung, welche hier die »Casa della Madonna dei Poveri Compagni d'armi di Cristo e del Tempio di re Salomone« erbaute.

Vor der kleinen Templerstatue befindet sich ein Holzbalken mit einer Inschrift und einem kleinen Relief, das an eine Legende erinnert. Als Papst Alexander III. nach Venedig kam, um mit Friedrich Barbarossa Frieden zu schließen, soll er nicht im nahe gelegenen (ehemaligen) Palazzo des Patriarchen geschlafen haben, sondern aus Angst vor einem Komplott des Kaisers mitten auf der Straße. Die Legende wurde aber widerlegt; es wird schon so gewesen sein, dass der Papst nicht im Palazzo des Patriarchen nächtigte, aber er wird nicht auf der Straße, sondern im Gebäude der Templer geruht haben. Immerhin bildeten die Templer des Öfteren die päpstliche Leibgarde. Dennoch hat sich die Legende vom schlafenden Papst halten können … und wenn man bei der kleinen Statue des Papstes zum Gedenken an das Ereignis ein Vaterunser und ein Ave Maria betet, bekommt man den vollkommenen Ablass für all seine Sünden …

Adresse Eingang vom Sotoportego de la Madonna, San Polo, 30125 Venedig (am Eck zwischen der Calle de la Madonna und der Calle del Perdon, direkt hinter dem Eingang links) | **Vaporetto fermata** San Silvestro, Linie 1 | **Tipp** Im selben Sotoportego wird man auch ein Kreuz sehen, das dem berühmten Malteserkreuz der Templer ähnelt – man darf dennoch nicht den Fehler begehen, dieses Kreuz mit den Templern in Verbindung zu bringen, denn es handelt sich hierbei um das »venezianische Kreuz«.

98__ Die Ponte delle Tette

Kundenfang mit entblößten Brüsten

Weit interessanter als die nur mäßig sehenswerte Brücke ist die Geschichte, welche sich hinter diesem kuriosen Namen – der wörtlich übersetzt »Titten-Brücke« lautet – verbirgt. In der Blütezeit der Serenissima galt der Stadtteil hinter der Rialtobrücke als Rotlichtviertel. Laut Zählung im Jahr 1509 boten 11.164 Prostituierte ihre Liebesdienste in der Stadt an, was fast einem Zehntel der damaligen Bevölkerung entsprach. Doch wie das mit dem Laster so ist, wird es von der Obrigkeit immer wieder mit strengen Auflagen bedacht (siehe Seite 198). So auch in Venedig – und das, obwohl die Dirnen mit ihren Steuergeldern den Ausbau des Arsenals ermöglichten. Eine Verordnung allerdings wurde von den Prostituierten selbst eingefordert: Als es im 16. Jahrhundert viel zu viele Prostituierte in der Stadt gab, sanken die Einnahmen der leichten Mädchen dramatisch. Zudem war die Homosexualität im damaligen Venedig so weit verbreitet, dass die Liebesdienerinnen den damaligen Patriarchen Contarini baten, Maßnahmen dagegen zu ergreifen. Denn die Homosexualität stellte für sie ein noch größeres Problem als das inflationäre Liebesangebot dar, weil die Männer weit weniger Bedürfnis hatten, sich bei den Dirnen Befriedigung zu suchen.

Da es auch der venezianischen Regierung lieber war, dass sich Männer mit Frauen vergnügten als die »unnatürliche« Homosexualität auszuleben, ordnete sie an, dass sich die Prostituierten ab sofort mit entblößten Brüsten oder weit gespreizten Beinen zur Schau stellen mussten, um der lendenmüden Männerwelt Lust zu machen ... sozusagen als aufreizendes und erregendes Werbemittel. Die unzähligen Dirnen mit all den entblößten Brüsten und hochgerafften Röcken müssen ein skurriles Bild abgegeben haben, an das nurmehr der Name der Brücke erinnert.

Die Werbemaßnahme mit nackter Haut ist hingegen bis heute erfolgreich: »Sex sells!«

Adresse Ponte delle Tette, San Polo, 30125 Venedig | **Vaporetto fermata** Rialto Mercato, Linie 1, Nachtlinie N | **Tipp** Neben der Ponte delle Tette gibt es auch noch einen Fondamenta und einen Calle delle Tette; in der Nähe der Ponte delle Tette befindet sich zudem das bekannte Lokal Antice Carampane (www.anticecarampane.com) womit das große Ausmaß der damaligen Prostitution deutlich wird.

99__Der Prophet Postel
Tintorettos Geheimbotschaften

Unter »Scuole« verstand man in der Republik Venedig Bruderschaften; diese waren geistliche und karitative Korporationen, Zünfte und Gilden oder auswärtige Landsmannschaften. Die »Scuole piccole« waren vornehmlich Handwerkszünfte, die finanzstarken »Scuole grandi« karitative Organisationen.

Die Scuola Grande San Rocco beherbergt einige bemerkenswerte Bilder Tintorettos, denn auf ihnen soll der Künstler die Geheimlehren des französischen Propheten Postel verarbeitet haben; Auftraggeber der Bilder war die Bruderschaft, die in den Lehren Postels eine Inspirationsquelle sah.

Wichtig ist in diesem Zusammenhang vor allem das Werk »Die Anbetung der Heiligen Drei Könige«. Auf diesem ist ein Mann im Pilgergewand zu sehen, der dem Propheten Postel überraschend ähnlich sieht und nach dessen Lehren das Bild wie folgt interpretiert werden muss: Venedig ist als neues Jerusalem zu sehen, und die Heiligen auf dem Bild beschwören einen zweiten Messias herauf, der nach Postel eine Frau sein wird. Dieser weibliche Messias würde die von Jesus begonnene Mission vollenden – der Sohn Gottes opferte sein Leben für die Männer, um diese von ihren Sünden zu erlösen, der neue weibliche Messias werde dieselbe Mission für die Frauen vollbringen und diese vom Sündenfall Evas befreien. Die Menschheit sollte so wieder zu ursprünglicher Reinheit zurückfinden, alle religiös motivierten Kriege hätten ein Ende, und das Zeitalter der universellen Eintracht könne beginnen. Für Postel verkörperte eine gewisse Mutter Giovanna, die im Ospedaletto tätig war, diesen weiblichen Messias, wodurch Venedig zum heiligen Ort werden würde (siehe Seite 200).

Offenbar hatte die Kirche kein großes Interesse an Eintracht, denn Postel wurde der Häresie angeklagt, von der venezianischen Inquisition verhaftet und nach Rom verfrachtet, wo er für schwachsinnig erklärt und zu lebenslangem Kerker verurteilt wurde.

Adresse Scuola Grande di San Rocco, Campo San Rocco, San Polo, 30125 Venedig, www.scuolagrandedisanrocco.it | **Öffnungszeiten** täglich 9.30–17.30 Uhr | **Vaporetto fermata** San Tomà, Linie 1, 2, Nachtlinie N | **Tipp** In der Sala Terrena hängen zwei Tintoretto-Marien-Gemälde mit Bäumen – auch diese weisen auf das Kommen eines weiblichen Messias hin. In den Lehren Postels findet man einen Hinweis auf das irdische Paradies, in dem es zwei Arten von Bäumen gibt, wobei der »weibliche« Baum ohne den »männlichen« Baum derselben Art nicht blühen kann. Es handelt sich dabei um eine Metapher der zweifachen Natur der Gottheit (weiblich und männlich).

100__ Die seltsame Inschrift
Ersatz für die ehemalige Schandsäule

Am Campo Sant'Agostin erinnert eine im Boden eingelassene Schieferplatte mit der rätselhaften Inschrift »LOC. COL. BAI. THE. MCCCX« an die von Bajamonte Tiepolo am 14. Juni 1310 angezettelte Verschwörung.

Tiepolo war Enkel des Dogen Lorenzo Tiepolo und Urenkel des Dogen Jacopo Tiepolo und wollte mit seiner Verschwörung erzielen, dass in Venedig eine Erbmonarchie eingeführt werde. Der Aufstand hatte seine Ursache in der sogenannten »serrata« von 1297, mit der das Zugangsrecht in den Großen Rat nur mehr auf einen geschlossenen Kreis von Adelsfamilien beschränkt worden war und Neuzugänge nur im Ausnahmefall möglich waren. Daraus entwickelte sich ein Machtkampf zwischen den alten (Case vecchie) und neuen Familien (Case nuove) Venedigs.

Anführer des Aufstandes waren besagter Bajamonte Tiepolo, sein Schwiegervater Marco Querini und die Familie der Badoer. Ihr Gegenspieler war der aus der apostolischen Familie der Gradenigo stammende Doge Pietro Gradenigo.

Aufgrund eines Verrats wurde dieser frühzeitig von der Verschwörung in Kenntnis gesetzt, weshalb der am 14. Juni 1310 entzündete Aufstand bereits einen Tag später, am 15. Juni, niedergeschlagen werden konnte. Marco Querini wurde dabei getötet (siehe Seite 146), einige der Badoer gefangen genommen, zum Tode verurteilt und am 22. Juni 1320 enthauptet. Bajamonte Tiepolo selbst gelang es, mit dem Großen Rat sehr günstige Bedingungen für eine Kapitulation auszuhandeln – er wurde ins Exil nach Istrien geschickt, was für ihn als Kroaten wohl nicht das allergrößte Übel war.

Hier, an der Stelle der Gedenktafel, stand früher Tiepolos Haus, das, als sein Besitzer im Exil war, zerstört wurde und an dessen Stelle eine Schandsäule errichtet wurde – die heute leider verschwunden ist (man nimmt an, dass sie am Comer See in Privatbesitz befindlich ist). Die Schieferplatte soll als Ersatz für die Säule an das Ereignis erinnern.

Adresse Campo Sant'Agostin, San Polo 2304B, 30125 Venedig | Vaporetto fermata San Stae, Linie A, 1, Nachtlinie N | Tipp In San Polo 2311 (Rio Terrà Secondo) befindet sich eine weitere interessante Gedenktafel; nämlich die, welche an die Druckerei von Aldo Manuzio erinnert. Dieser hatte 1501 die geniale Idee, die Buchstaben leicht schräg zu setzen, um so die Wortanzahl erhöhen zu können, womit ein kleineres und preisgünstigeres Druckformat möglich wurde. Auf diese Weise wurde die Kursivschrift erfunden.

101_ Das Skelett
Himmelfahrt mit schwarzer Kraft?

Der Doge Giovanni Pesaro (1589–1659) übernahm zu einem denkbar schlechten Zeitpunkt sein Amt: Er selbst war an Malaria erkrankt, und die Republik Venedig befand sich durch die Türkenkriege am Rand des Ruins. Zudem hatte Pesaro den Stützpunkt Candia auf Kreta räumen müssen, wurde wegen strategischer Fehler vor Gericht gestellt und aufgrund seines eheähnlichen Verhältnisses mit der Köchin Dona Maria verspottet. Aber Pesaro war reich und wusste zu blenden; zu seinen Glanzstücken gehörte eine Hatz mit Hunden auf Stiere über die Planken eines Floßes am Canal.

Für die Realisierung seines Grabes verfügte Pesaro testamentarisch 12.000 Dukaten, um die Kluft zwischen großartigem Schein und schmachvoller Realität zu überbrücken. Er konnte nicht mit Leistungen prahlen, daher suchte er mit einem umso aufwendiger gestalteten Wandgrab seine »Verdienste« darzustellen und so in die Ewigkeit einzugehen. Es beschwört das übermächtige Böse in Gestalt des Todes, der die Ruhmesrede hält: Das dunkle Gewebe ist vertrocknet, die ledrige Haut spannt sich über den Rippenbögen, die Fratze grinst hämisch, die Augen sind eingefallen, blitzen heimtückisch tiefliegend aus den Höhlen, in krallenartigen Fingern die marmornen Lobeshymnen. Es ist ein gespenstischer Anblick, undurchschaubar die Botschaft – sieht sich Pesaro tatsächlich als Held, an den sich die Nachwelt zu erinnern hat und der mit Hilfe schwarzer Kräfte die Himmelfahrt erlangt, oder wünscht er gar der Stadt, die ihn verspottet hatte, alles erdenklich Böse?

Pesaro wurde nur Doge, weil er vorgab, den Türkenkrieg mit seinem Privatvermögen zu finanzieren – im Wissen um seinen baldigen Malariatod kaum mehr als Blendwerk. Er verstarb nach nicht einmal einem Jahr als Doge. Pesaro wollte einen Triumphbogen zum Grabmal und wurde ein letztes Mal verhöhnt, denn seine Figur steht zwar über allem, ist aber angesichts der schwarzen Kräfte nicht nur visuell verloren.

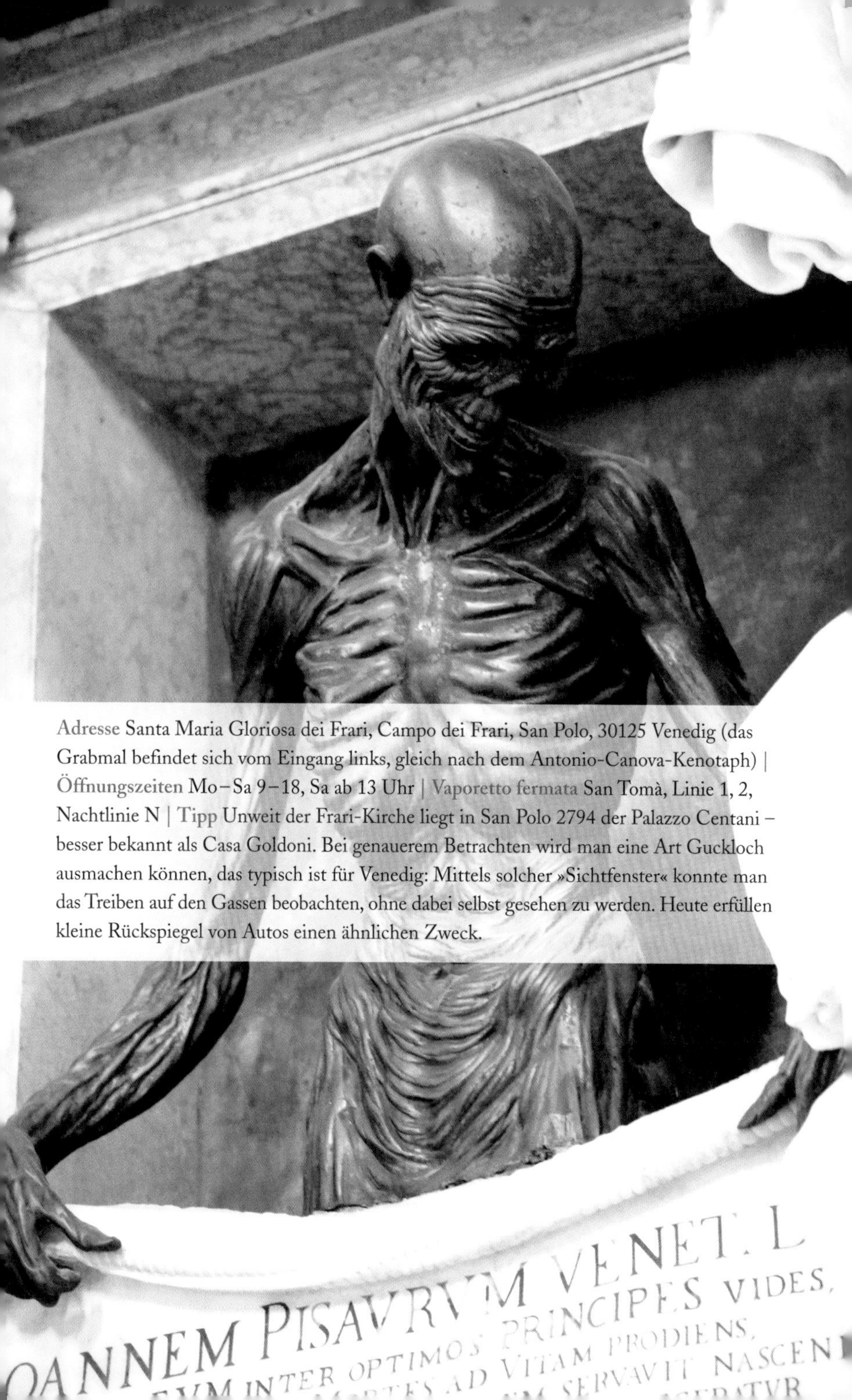

Adresse Santa Maria Gloriosa dei Frari, Campo dei Frari, San Polo, 30125 Venedig (das Grabmal befindet sich vom Eingang links, gleich nach dem Antonio-Canova-Kenotaph) | **Öffnungszeiten** Mo–Sa 9–18, Sa ab 13 Uhr | **Vaporetto** fermata San Tomà, Linie 1, 2, Nachtlinie N | **Tipp** Unweit der Frari-Kirche liegt in San Polo 2794 der Palazzo Centani – besser bekannt als Casa Goldoni. Bei genauerem Betrachten wird man eine Art Guckloch ausmachen können, das typisch ist für Venedig: Mittels solcher »Sichtfenster« konnte man das Treiben auf den Gassen beobachten, ohne dabei selbst gesehen zu werden. Heute erfüllen kleine Rückspiegel von Autos einen ähnlichen Zweck.

102__ Der Taucheranzug
Unterwasserkriegsführung à la Leonardo

Kaum war Ludwig XII. 1498 zum König von Frankreich gekrönt worden, machte er seine Ansprüche auf Mailand geltend und verbündete sich für sein militärisches Vorhaben im Frühjahr 1499 mit Papst Alexander VI. sowie mit der Republik Venedig. Die Macht der in Mailand regierenden Patrizierfamilie Sforza brach zusammen; Ludovico Sforza musste fliehen, und der in seinen Diensten stehende Leonardo da Vinci verließ im Dezember 1499 Mailand mit dem Ziel Venedig.

Das damalige Venedig befand sich gerade im zweiten Venezianisch-Osmanischen Krieg (1499–1503) um Ländereien in der Ägäis, im Ionischen Meer und in der Adria. Im August 1499 verlor Venedig das Gefecht von Lepanto – die erste Seeschlacht, bei der die Schiffe mit Kanonen bestückt waren. Schließlich wurde die Stadt selbst von Schiffen der Osmanen belagert, wie zeitgenössische Malereien belegen.

Leonardo bot der Löwenrepublik seine Dienste als Ingenieur an, vor allem für den Bau von Kriegsmaschinen. So stellte er unter anderem einen Taucheranzug mit Atemgerät vor, mit dessen Hilfe sich Soldaten unter Wasser gehend durch die seichten Gewässer der Lagune hin zu den osmanischen Schiffen bewegen sollten, um die hölzernen Kriegsgaleeren der Osmanen von unten anzubohren und auf diese Art zu versenken. Zudem empfahl er den Venezianern, Kriegsschiffe mit doppelwandigem Rumpf zu bauen, die ihrerseits gegen das Anbohren unter Wasser sowie feindliche Rammstöße sicher wären. Die Stadtväter hielten beides für Hirngespinste, und der arbeitslose Leonardo verließ die Stadt 1500 in Richtung Mantua.

Es war – wie sich später herausstellen sollte – ein fataler Fehler Venedigs, Leonardo ziehen zu lassen, denn der Taucheranzug wäre voll funktionsfähig gewesen, wie neuzeitliche Nachbildungen bewiesen. Venedig verzichtete aber auf diesen entscheidenden militärischen Vorsprung und musste 1503 seine Niederlage eingestehen.

Adresse Museo Leonardo (neben der Chiesa San Rocco), Calle Tintoretto oder Campo San Rocco, San Polo, 30125 Venedig | **Öffnungszeiten** täglich 9.30–17.30 Uhr | **Vaporetto fermata** San Tomà, Linie 1, 2, Nachtlinie N | **Tipp** Auch eine geniale Erfindung ist das Eis von »Grom un gelato come una volta« (www.grom.it), die hier gleich um die Ecke in San Polo 3006 eine Filiale betreiben. Vor allem das Wassereis aus echtem Quellwasser, Rohrzucker und reinem, natürlichem Fruchtextrakt erfrischt auf wunderbare Art und Weise.

103 Das vulgäre Relief
Obszönes bei der Finanzverwaltung

Anders als es der Name Palazzo dei Camerlenghi suggeriert, diente der Palast zunächst nicht den Kämmerern als Domizil, sondern war Sitz der sogenannten »Camerlenghi di comun«, also der Finanzverwaltung der Republik Venedig. Er liegt von San Marco kommend rechter Hand der Rialtobrücke.

Bei näherem Betrachten wird man zwei als obszön zu bezeichnende Reliefs ausmachen, die aber viel mit der Geschichte der Rialtobrücke zu tun haben; das eine zeigt einen Mann mit einem unverhältnismäßig großen Riesenpenis in Nagelform, auf dem zweiten Relief ist eine weibliche Figur auszumachen, die mit ihrem Intimbereich auf einer flammenspeienden Opferschüssel sitzt. Hinter beiden Figuren steht ein und dieselbe Geschichte rund um den Bau der Rialtobrücke.

Nachdem die alte hölzerne Brücke mehrfach verrottete oder abbrannte, entschloss sich die Stadtverwaltung 1507 dazu, eine steinerne Brücke über den Canal zu errichten. Es folgte ein jahrzehntelanger Streit um Finanzierung und Gestaltung, was das in San Polo ansässige »popolo«, bestehend aus Prostituierten, Marktfahrern, einfachen Händlern und Handwerkern, zu hämischen Bemerkungen veranlasste. Die Männer riefen: »Sto ponte i lo finirà quando ch'ecl casso farà l'ongia.« (Sollte die Brücke jemals fertig werden, wird mein Penis zu einem Nagel.) Analog dazu spotteten die Frauen: »Quando che i finisse el ponte, me ciaparà fogo la mona.« (Wenn die Brücke jemals fertig wird, wird meine Vagina Feuer fangen.)

Beides waren ganz typische Verse des damaligen venezianischen Volkes, das immerzu Obszönitäten in seine Spottgesänge einbaute. Tatsächlich wurde 1588 mit dem Bau der Rialtobrücke begonnen und diese 1591 fertiggestellt. Nun waren Spott und Hohn auf Seiten der Stadtverwaltung, die dem Volk mit den beiden Reliefs vor Augen hielt, dass den Zweiflern nun »Nägel« beziehungsweise »Flammen« gebühren würden.

Adresse Palazzo dei Camerlenghi, Fondamenta Vin Castello, San Polo, 30125 Venedig | Vaporetto fermata Rialto Mercato, Linie 1, Nachtlinie N | Tipp Auf der in San Marco gelegenen Seite der Rialtobrücke findet man mit Blick nach San Polo rechter Hand das Restaurant Al Buso, das auf den ehemaligen Traghetto del Buso (siehe Seite 182) zurückgeht, und auf der linken Seite etwas unterhalb der Brücke die Bar Aperol, welche für ihre großartige Tramezzini-Vielfalt bekannt ist.

104__ Die weiße Maske

Die Legende von der ehrenhaften Frau

Es ranken sich viele Gerüchte rund um den geheimnisvollen weißen Kopf, der mystisch aus einer an sich schmucklosen Backsteinmauer zum Betrachter herabblickt. Bis heute ist nicht geklärt, ob es sich bei diesem Hochrelief um die Maske einer Frau oder die eines Mannes handelt, weshalb die Legenden recht unterschiedlich ausfallen.

Die vielleicht interessanteste Geschichte ist die von einer gewissen Santina, welche die schöne und äußerst attraktive Lebensgefährtin eines hier ansässigen Schwertfabrikanten gewesen sein soll. Ein junger Aristokrat namens Marchetto Rizzo soll sich Hals über Kopf in die bezaubernde Frau verliebt haben und gab bei Santinas Mann einen Dolch in Auftrag. Unter dem Vorwand, die Arbeiten an seinem Dolch zu kontrollieren, besuchte er tagtäglich die Werkstatt, um seiner Angebeteten nah zu sein. Kurz vor Fertigstellung der Waffe war Santina allein in der Werkstatt, was den liebestollen Jüngling dazu veranlasste, seine Herzensdame kurzerhand zu vergewaltigen. Santina konnte mit der Schmach nicht leben und nahm sich mit dem in Auftrag gegebenen Schwert das Leben, um ihre Ehre zu retten.

Eine zweite Geschichte erzählt zwar auch von Santina und ihrem jungen Peiniger, jedoch in weit weniger brachialer Form. Ein gewisser Zuane, ein Freund des waffenschmiedenden Ehemanns Santinas, soll die Pläne des Aristokraten durchschaut und vereitelt haben. Obwohl er dem Vernehmen nach den Vergewaltiger beim Handgemenge nicht umbrachte, wurde der Retter am 14. Oktober 1490 für sechs Monate aus der Stadt verwiesen.

Venedig wäre nicht Venedig, gäbe es nicht auch eine schlüpfrige Geschichte; von einem alten Gondoliere stammt folgende Version: Das Hochrelief heißt im venezianischen Sprachgebrauch »Ehrenhafte Frau«, bei dieser soll es sich um eine der ehrenhaften Kurtisanen (siehe Seite 182) gehandelt haben, die sehr günstige (und damit »anständige«) Preise hatte.

Adresse Calle Forner S. Elena, San Polo 2935, 30125 Venedig | **Vaporetto fermata** San Tomà, Linie 1, 2, Nachtlinie N | **Tipp** Geht man von der Fondamenta della Dona Onesta über die Ponte della Dona Onesta, so befindet sich linker Hand die seit 1735 bestehende und damit sehr traditionsreiche Trattoria Dona Onesta (www.donaonesta.com).

105__Die zwei Löwen

Machtkämpfe in der Lagune

Bei der Chiesa San Polo stehen zwei bemerkenswerte steinerne Löwen. Einer der beiden kämpft mit einem drachenähnlichen Geschöpf, der andere hält einen abgeschlagenen Menschenkopf zwischen seinen Tatzen. Der Tatbestand Löwe gegen Drache ist leicht zu erklären, handelt es sich doch hierbei um den Kampf Venedigs gegen die Wirren der Lagune, in der ja ein Drache (Krokodil) vermutet wurde (siehe Seite 144).

Die Erklärung des zweiten Standbildes ist hingegen nicht so einfach, gibt es doch zwei Lösungsansätze, einen geschichtlichen und einen aus dem Reich der Legenden: Der Sage nach erinnert der Löwe mit dem Menschenkopf an einen gewissen Francesco Bussone, der 1424 nach Venedig flüchtete, hier die venezianischen Truppen übernahm und mit diesen 1427 die Schlacht von Maclodio gewann. Doch aufgrund seines Großmutes gegenüber den Gefangenen erregte er das Misstrauen der Venezianer. Als dann einige militärische Misserfolge folgten, wurde er 1432 nach Venedig zurückbeordert, wegen angeblichen Verrats eingesperrt und enthauptet.

Plausibler erscheint aber die geschichtliche Variante, der zufolge es sich hierbei um den Kopf des Dogen Marino Falier handelte, der 1355 einen Staatsstreich versuchte, um sich selbst zum Fürsten zu erheben. Der Große Rat erfuhr davon und ließ nach einem Sondergerichtsverfahren elf zuvor verhaftete Verschwörer aufhängen. Falier selbst wurde am 17. April auf derselben Treppe (der 1618 abgetragenen Scala del Piombo) enthauptet, auf der er im September des Vorjahres zum Dogen erhoben worden war. Die genauen Umstände der Verschwörung sind allerdings nicht bekannt, da alle Gerichtsakten im Zuge einer »Damnatio memoriae« (Verdammung des Andenkens) vernichtet wurden.

Der Sinn beider Statuen ist der, dass Venedig (symbolisiert durch die Löwen) sowohl mit mystischen (Drachen) wie auch mit realen/menschlichen Übeltätern (Kopf) Machtkämpfe auszutragen hat.

Adresse Chiesa di San Polo, Campo San Polo, San Polo 2011c, 30125 Venedig (unterhalb des Glockenturms, genau gegenüber dem heutigen Eingang) | **Vaporetto fermata** San Tomà, Linie 1, 2, Nachtlinie N | **Tipp** In der Galerie der Dogenbilder in der »Sala del Maggior Consiglio« im Palazzo Ducale hängt an der Stelle, die für Marino Falier vorgesehen war, ein schwarzes Banner mit der weißen Inschrift: »Hic est locus Marini Faletri decapitati pro criminibus« (Hier ist die Stelle des Marino Falier, der wegen Verbrechen enthauptet wurde). Es wurde von Tintoretto als Zeichen für die »condamnatio memoriae« (Auslöschung der Erinnerung) angebracht; das bereits vorhandene Gemälde soll mit dem Banner übermalt worden sein.

106__ Die Altane

Hochsitze für Frauen

Die hölzernen Hochsitze über den Dächern Venedigs sind kein Statussymbol neureicher Familien, die sich hiermit eine schicke Dachterrasse gönnen, sondern gehören – wie alte Urkunden belegen – bereits seit dem 13. Jahrhundert zum Stadtbild. Sie wurden ursprünglich genauso konstruiert wie die Jagdhochsitze in den bewaldeten Voralpen, wobei ein viereckiger Holzboden auf Holz- und Backsteinstützen direkt auf dem Dachgebälk auflag und von einem Geländer umrandet war.

Einst dienten sie der Stadt einerseits als Möglichkeit, »frische Luft« einatmen zu können, andererseits aber auch zur Sichtung feindlicher Schiffe, da man von hier aus über die gesamte Lagune bis weit ins offene Meer hinaus und auf der anderen Seite bis weit in die Terrafcrma hinein blicken konnte.

Im Laufe der Zeit wandelten sich die hölzernen Podeste von Wachtürmen zu Wohnbereichen, die vor allem der Frauenwelt und all ihren Befindlichkeiten zur Verfügung standen – ein Rendezvous auf der Altana (von lateinisch altus = hoch) war ein seltenes und dementsprechend begehrtes Abenteuer für die Männerwelt, selbst dann, wenn die Einladung von einer ehrbaren Dirne ausgesprochen wurde, war dies keine Selbstverständlichkeit.

Im Zuge ihrer Wandlung wurden die Altane mit Pergolen, Sonnensegeln, Stangen zum Teppichklopfen, Pflanzenkübeln, Sitzgelegenheiten und allem, was man sonst so auf Terrassen benötigt, ausstaffiert. Geblieben ist allerdings die Tatsache, dass die Altane zumeist von der Damenwelt genutzt werden, nicht mehr nur, um Frischluft zu schnappen und Mußestunden zu verbringen, sondern auch, um die Stadt und ihr Treiben beobachten zu können, ohne selbst dabei gesehen zu werden. In der Werkstatt von Augusto Capovilla entstehen solche Altane in reiner Handarbeit, und wenn man sich diskret verhält, kann man dem Meister über die Schulter blicken.

Adresse Augusto Capovilla S.A.S. (Tischlerei für Altane), Calle delle Oche, Santa Croce 853, 30135 Venedig | **Öffnungszeiten** Es handelt sich hierbei um eine traditionelle Bottega (Werkstatt), daher ist eine Besichtigung nur mit Anmeldung möglich. | **Vaporetto fermata** Riva di Biasio, Linie 1, 5.1/5.2, Nachtlinie N | **Tipp** Auch wenn die meisten Altane aus Holz sind, so gibt es einige wenige steinerne – ein solcher befindet sich zum Beispiel am Palazzo Contarini direkt neben der Kunstakademie.

107 Die antike Säule

Was erzählt uns dieses Relikt?

Das Einzige, was heute noch von der ehemaligen Kirche Santa Croce und dem dazugehörenden Kloster steht, ist eine antike Säule, die mehr oder weniger versteckt in eine Mauerecke eingelassen ist. Es stellt sich natürlich nun die Frage, warum ist ausgerechnet diese etwas unscheinbare Säule übrig geblieben? Viel ist von Historikern über dieses Thema diskutiert worden, drei Geschichten sind besonders interessant.

Die eine Gruppe von Wissenschaftlern geht davon aus, dass der Ort, an dem die Säule steht, genau der Platz ist, an dem zu Tode verurteilten Verbrechern die Hände abgetrennt wurden – es war seinerzeit durchaus üblich, bei besonders schwerwiegenden Delikten die verurteilten Delinquenten vor dem Vollzug der Todesstrafe zu foltern. Zuerst wurden ihnen die Hände abgehackt, danach hat man sie bewusstlos geschlagen und schließlich geköpft. Der Leichnam wurde meist verbrannt, die abgetrennten Köpfe zur Abschreckung aufgehängt.

Betrachtet man die Säule genauer, so wird man einer anderen Geschichte mehr Glauben schenken: Interessant ist hierfür weniger die Säule an sich, sondern das weitaus ältere Kapitell. Auf der Vorderseite kann man stilisierte Buchstaben erkennen, die entziffert Folgendes ergeben: »TIKHI«. Die Buchstaben ergeben also den Namen jener Stadt im Südwesten Russlands, die einerseits lange Zeit mit der armenischen Kirche in Verbindung stand (welche ja heute noch in Venedig präsent ist), andererseits – und das ist das Bemerkenswerte – der eigentliche Ursprung der Venezianer war, denn die ersten Veneter kamen aus ebendiesem Tikhil.

Daneben gibt es für die Zeichen auch eine symbolische Erklärung, denn man könnte das Zeichen auch als »H« deuten, das Symbol für die Geheimlehre des Hermetismus – dieses mit Schlaufen verbundene Doppelkreuz könnte also auch das hermetische Symbol für die Auferstehung sein.

Adresse Fondamenta del Monastero, Santa Croce, 30135 Venedig (an der Ecke der Fondamenta di Santa Croce, am Fuß der Brücke von Santa Croce, am Canal Grande zwischen den Papadopoli-Gärten und dem Rio dei Tolentini) | Vaporetto fermata Piazzale Roma, Linie 1, 2, 3, 4.1/4.2, 5.1/5.2, 6, Nachtlinie N | Tipp Nicht weit entfernt befindet sich die Kirche San Simeone Piccolo, deren Kirchturm der niedrigste von ganz Venedig ist – er ist nur drei Meter hoch!

108__Der beseitigte Löwe
Entfernung eines ungeliebten Wahrzeichens

Abgeschlagene und beschädigte Löwen gibt es an einigen Stellen in der Stadt zu bestaunen, denn ähnlich wie seinerzeit in Ägypten die Köpfe der Pharaonen wurde auch das Wahrzeichen der Löwenrepublik nicht immer geliebt oder von fremden Mächten als Zeichen des Triumphes entfernt.

So findet man abgeschlagene Löwen beispielsweise links unterhalb der Seufzerbrücke an der Wand der Bleikammern, an der zur Lagune gewandten Mauer des Arsenals oder an verschiedensten Hausmauern. Während sie an den öffentlichen Gebäuden von fremden Besatzern entfernt worden sind, wurden die an den Hausmauern befindlichen von den Venezianern selbst entfernt – und das hat (einmal mehr) mit der Verschwörung von Bajamonte Tiepolo (siehe Seite 208) zu tun.

Nach der Serrata 1297 war es bekanntlich nur mehr den etablierten Familien Venedigs, den sogenannten Case vecchie, möglich, den Dogen zu wählen oder selbst als Doge gewählt zu werden. Familien, denen dieses Recht zugestanden wurde, verzeichnete man im Libro d'Oro, womit de facto alle anderen Patrizierfamilien, vor allem die neureichen Case nuove, ausgeschlossen wurden. Es kam in der Folge zu innenpolitischen Unruhen, die aber nicht von den Ausgeschlossenen angezettelt wurden, sondern von Aristokraten, die sich bei der letzten Dogenwahl übergangen fühlten. Die außenpolitischen Misserfolge des Dogen Pietro Gardenigo sowie dessen antipäpstliche Politik und sein Nepotismus verstärkten die Unzufriedenheit, welche sich dann in der Tiepolo-Verschwörung entlud.

Zurück zu den Löwen: Die Hausmauern derjenigen Familien, die an besagtem Aufstand teilnahmen, wurden bewusst mit einem Markuslöwen »verziert«. Und natürlich wurden diese ungeliebten Zeichen der Staatsmacht von den rebellischen Hausbesitzern sobald als möglich wieder entfernt. Und wo dies nicht vollständig gelang, sind Relikte von abgeschlagenen Löwen erhalten.

Adresse Ca' Zane, Campo Santa Maria Mater Domini, Santa Croce 2120 und 2121, 30135 Venedig | Vaporetto fermata San Stae, Linie A, 1, Nachtlinie N | Tipp Abgeschlagene Löwen befinden sich beispielsweise auch am Haus der Verschwörerfamilie Querini in der Calle delle Rasse oder an der Ca' Loredan an San Canciano oder auch an der Ca' Corner bei der Brücke Santa Fosca. Auch Napoleon ließ an markanten Orten das Zeichen der Löwenrepublik entfernen, so zum Beispiel an den Bleikammern (unterhalb der Seufzerbrücke) oder beim Arsenal (rückseitiges Tor zur Lagune).

109__Die Bombe

Schlechte Erinnerung an Radetzky

In der Fassade neben dem Eingangsportal der Chiesa San Nicola da Tolentino (genannt I Tolentini) steckt eine österreichische Bombe aus dem Jahre 1848, die an folgende Begebenheit erinnert: Am 21. Dezember 1847 überreichte der Advokat Daniele Manin im Zuge des Risorgimento (siehe Seite 96) der Regierung eine Petition mit Reformvorschlägen für die Verfassung, aufgrund derer sie am 18. Januar 1848 zunächst verhaftet, aber bereits am 17. März wieder entlassen wurden. Während die Lombardei ihre Unabhängigkeit von Österreich und den Anschluss an das neu gegründete Königreich verkündete, rief Manin am 23. März 1848 eine unabhängige Republik Venedig aus.

Am 5. Juli 1848 schlossen sich die Venezianer dem jungen Königreich an, weshalb Daniele Manin zwei Tage zuvor zurückgetreten war – mit der Begründung, dass er nicht als Untertan einem König dienen könne. Am 25. Juli unterlagen die Piemontesen in der Schlacht von Custozza, woraufhin sie ihre Flotte aus Venedig abberiefen. Angesichts der nun akuten Bedrohung durch die bei Custozza siegreichen Österreicher wurde Manin zum Diktator ernannt; bis Ende des Jahres hatten die österreichischen Truppen den gesamten Veneto erobert.

Am 4. Mai 1849 griffen sie zunächst die Festung Marghera (bei Mestre) an und nahmen diese am 26. Mai ein. Die venezianischen Revolutionstruppen traten den Österreichern an der Ponte della Libertà, die das Festland mit Venedig verbindet, entgegen und wiesen eine Kapitulationsaufforderung von General Radetzky zurück. Venedig wurde daraufhin 24 Tage mit mehr als 30.000 Bomben beschossen, da Radetzky die Ansicht vertrat, dass Venedig komplett zu versenken sei, um den Widerstand zu brechen. Am 22. August 1849 musste die von einer Choleraepidemie zusätzlich geschwächte Stadt kapitulieren, am 27. August marschierten die österreichischen Truppen ein und regierten hier bis 1866.

Adresse Chiesa San Nicola da Tolentino, Campo dei Tolentini, Santa Croce 265, 30135 Venedig | **Vaporetto fermata** Piazzale Roma, Linie 1, 2, 3, 4.1/4.2, 5.1/5.2, 6, Nachtlinie N | **Tipp** Sehenswert ist auch das Innere der Kirche, denn das Fresko an der Decke täuscht eine Kuppel vor – obwohl die Kirche gar keine Kuppel, sondern ein Flachdach hat. Interessant ist weiter, dass sich das heutige österreichische Konsulat genau gegenüber der Kirche befindet – mit Blick auf die einst von den Österreichern gesendete Bombe! Übrigens: Rechts vor der Kirche befindet sich an der Ecke die kleine Barcareto da Lele mit guten Panini und einfachen Schankweinen.

110__Johannes der Enthauptete
Ein Eintopf mit Menschenfleisch

Der venezianische Name der Kirche San Zan Degolà lautet im Italienischen San Giovanni Decollato, was »Johannes der Enthauptete« bedeutet. Diese Titulierung für Johannes den Täufer beruht auf der berühmten Geschichte um Salome, die für ihre Mutter Herodias von Herodes den Kopf von Johannes dem Täufer fordert. Johannes hatte Herodes vorgeworfen, Herodias (seine Schwägerin) geheiratet zu haben.

Das an der Kirche befindliche Hochrelief stellt ebendiesen Johannes dar ... und die Bewohner des Stadtviertels erzählen ihren Kindern eine makabre Geschichte dazu: Angeblich sei das Relief das Abbild eines gewissen Biasio. Biasio Cargnico lebte im 16. Jahrhundert und war als Fleischhauer und Wirtshausbetreiber stadtbekannt für herrlich zarte Würste und einen wunderbaren »squazzetto«, einen deftigen Fleischeintopf. Das Geschäft lief entsprechend blendend, und seine Köstlichkeiten lockten zahlreiche Kunden an. Bis eines Tages ein Arbeiter in seinem »squazzetto« eine Fingerkuppe samt winzigem Fingernagel entdeckte!

Und plötzlich fiel den Leuten auf, dass in diesem Teil der Stadt seit einiger Zeit immer wieder kleine Kinder verschwanden. Die Behörden wurden umgehend verständigt und Biasio öffentlich angezeigt. Während der peinlichen Vernehmung gestand der »luganegher« (Wurstmacher) sein teuflisches Handwerk – allerdings konnte nicht festgestellt werden, wie lange Biasio nach diesem makabren Rezept gekocht hatte. Er wurde verurteilt, man hackte ihm vor seinem Geschäft die Hände ab, dann schleifte man ihn, an den Schwanz seines Pferdes gebunden, zu den zwei Monolithen (siehe Seite 178), wo er enthauptet wurde. Anschließend wurde er geviertelt und öffentlich ausgestellt. Sein Wohnhaus samt Wurstfabrik und Gaststätte wurde abgebrannt und abgerissen. Die Geschichte ist übrigens keine Mär: Sie ist in den Registri dei Giustiziati, den venezianischen Verzeichnissen der Hingerichteten, nachzulesen!

Adresse Kirche San Zan Degolà, Campo San Zan Degolà, Santa Croce, 30135 Venedig | **Vaporetto fermata** Riva di Biasio, Linie 1, 5.1/5.2, Nachtlinie N | **Tipp** Trotz – oder gerade wegen – der Grausamkeit der Geschichte wurden sowohl das Ufer (Riva di Biasio) als auch die Haltestelle des dortigen Vaporetto nach diesem Biasio benannt. Und so wurden zwar sein Haus und sein Laden dem Erdboden gleichgemacht, nicht aber der Name – dieser ließ sich offenbar nicht so leicht auslöschen!

111__Der Palazzo Tron

Zänkische Weiber

Auf dem Höhepunkt seiner politischen und finanziellen Macht war Andrea Tron Hausherr im Dogenpalast. Er war ein bemerkenswerter Mann, ein aufgeklärter Konservativer und das, was man heute einen Realpolitiker nennen würde. Als reifer Mann verliebte er sich in Caterina Dolfin, Tochter eines verarmten Patrizierhauses, und heiratate diese gegen den Willen seiner Brüder. Caterina Dolfin war das sprühende Leben und umgab sich gerne mit Literaten und Journalisten, deren Gönnerin und feurige Geliebte sie wurde.

Francesco Tron, Andreas Bruder, heiratete mit der 17-jährigen Cecilia Zen eine um 34 Jahre jüngere Frau – er suchte damit das Geschlecht zu erhalten, weil die Ehen seiner Brüder kinderlos geblieben waren. Cecilia Tron muss eine wahre Schönheit und Sexbombe gewesen sein, die zudem gebildet war sowie reiten und fechten konnte wie ein Mann.

Als Cecilia Tron nach dem Tod ihres Mannes nach Venedig zurückkehrte, kam es zu einer Konkurrenzsituation mit ihrer wesentlich älteren Schwägerin Caterina, die sie auf jede Art und mit allen zur Verfügung stehenden weiblichen Mittel zu übertrumpfen und auszustechen suchte. Mit Skandalen gelang ihr das restlos; so erschien sie ungefragt zu offiziellen Anlässen in Männerkleidung oder trug zu Abendveranstaltungen Kleider, die ihre entblößten prachtvollen Brüste aufreizend zur Schau stellten. Da sie zudem Haupterbin des Tron'schen Vermögens war, zog sie in den Palazzo ein und vertrieb ihre ungeliebte Schwägerin Caterina von dort.

Cecilia blieb zeit ihres Lebens eine Femme fatale, die ihre Attribute auch unter französischer Besatzung einzusetzen wusste – mit fatalen Folgen, denn die franzosenfreundliche Haltung hat ihr unter der folgenden österreichischen Herrschaft mehrfachen Hausarrest eingebracht. Dennoch blieben sie, ihre Eskapaden und ihre offenbar außerordentlich wohlgeformten Brüste der Gesprächsmittelpunkt der venezianischen Gesellschaft – und das bis heute!